AF467662

CLAVIJO

TIRAGE A PETIT NOMBRE.

Il a été fait un tirage spécial de :

25 exemplaires sur papier de Chine (Nos 1 à 25).

25 — sur papier Whatman (Nos 26 à 50).

50 exemplaires, numérotés.

DE BEAUMARCHAIS

CLAVIJO

AVEC UNE PRÉFACE

PAR

M. DE LESCURE

PARIS

LIBRAIRIE DES BIBLIOPHILES

Rue Saint-Honoré, 338

M DCCC LXXX

NOTICE

I

A quarante et un ans, en 1773, Beaumarchais n'était encore connu, socialement parlant, que comme un parvenu de plus d'audace encore que d'esprit, et, littérairement parlant, que comme l'auteur de deux drames, EUGÉNIE *et* LES DEUX AMIS, *où l'originalité de son talent, impatient de trouver des voies nouvelles, ne se dégageait pas encore assez de l'imitation de Diderot et de Sedaine. Il était d'ailleurs, à ce moment, trop occupé pour se donner tout entier à une seule ambition : il les avait toutes, et tous les genres de succès avaient tour à tour attiré son hommage. Il s'était d'abord donné un nom, celui de Beaumarchais, qui lui appartenait bien, puisqu'il l'avait payé, disait-il lui-même, et en avait quittance, comme de la noblesse hâtive dont son brevet de secrétaire du roi lui donnait le privilège. Écuyer, conseiller-secrétaire du roi, lieutenant général des chasses aux bailliage et capitainerie de la Varenne du Louvre, grande vénerie et fauconnerie de France, le fils de l'horloger Caron, devenu sieur de Beaumarchais, maître d'un nom et d'une charge, avait essayé vainement par deux fois, en épousant deux riches veuves qu'il avait fascinées, de fonder une famille.*

En 1770, la mort de sa seconde femme l'avait laissé libre de cœur, absorbé par le soin d'établir sa fortune sur la faveur lucrative du vieux Pâris-Duverney, séduit comme les autres par le charme irrésistible d'un homme entreprenant, actif, habile, éloquent, devinant tout ce qu'il ignorait, capable de tous les talents, et qui prétendait sans ridicule à tous les succès. Il en avait même de galants, qui lui coûtaient plus cher qu'ils ne valaient. C'est ainsi qu'il encourut la fureur jalouse d'un grand seigneur brutal, le duc de Chaulnes, supplanté par ce rival trop heureux auprès de la comédienne-courtisane Mlle Ménard. La querelle scandaleuse qui s'ensuivit commença la série des mésaventures d'un homme à qui tout réussissait jusque-là si insolemment, et mit le feu aux poudres de la malignité publique.

Les malheurs ne venant jamais seuls, la mort de son protecteur Pâris-Duverney continua d'ébranler et menaça de ruiner l'édifice fragile d'une fortune non encore assise, à peine fondée, toute en façade, en décor, en apparences, en espérances, en crédit. Le règlement de comptes sur lequel elle reposait fut contesté et même argué de faux par l'héritier de Pâris-Duverney, le comte de La Blache. La police du temps avait, en emprisonnant arbitrairement Beaumarchais au For-l'Évêque, mis Beaumarchais dans l'impossibilité matérielle et morale de se défendre, et l'avait livré désarmé à cet impopulaire parlement Maupeou, corps plus politique que judiciaire, composé de magistrats de hasard, plus soucieux de rendre des services que de rendre la justice.

Ce fut un terrible moment dans la vie d'un homme fait pour tous les combats et qui ne désespérait d'aucune victoire, à la condition cependant de pouvoir lutter. Or, dans la situation qui lui était faite, en face des puissances hostiles, de l'opinion prévenue, ce n'était pas trop de toutes ses forces, de toute sa liberté, pour oser affronter un duel si inégal; et Beaumarchais, discrédité par des calomnies auxquelles il n'avait pu répondre, privé par des saisies rigoureuses des ressources qui lui étaient si nécessaires, ne semblait plus pouvoir paraître devant ses juges que pour s'entendre condamner. Tout était contre lui; il n'avait pour lui que lui-même.

Ce n'eût pas été assez si les circonstances, qui le desservaient à l'envi, ne se fussent, au moment le plus critique, décidées, par un revirement imprévu dont il usa habilement, intrépidement, en sa faveur, détournant au profit de son salut, puis de son triomphe, tout ce qui devait le perdre. Au moment même où, ayant contre lui la cour, la ville, la police, le parlement, il touchait à l'abîme et mesurait, d'un suprême coup d'œil aux lucidités terribles, la profondeur de ce gouffre d'infamie où il allait tomber, il se releva et rebondit au succès par un de ces efforts inouïs, de ces prestigieux tours de force, qui enlèvent les foules, parce qu'elles ne voient que le succès, mais donnent le vertige à l'observateur de sang-froid, qui calcule le danger.

Accusé de faux par le comte de La Blache, Beau-

marchais se trouvait de plus, à la suite d'une démarche imprudente divulguée par lui-même avec la témérité d'un joueur qui joue son va-tout, accusé de calomnie et de corruption par le juge lui-même dont il proclamait la vénalité. La querelle du conseiller rapporteur Goëzman devenait celle du corps auquel il appartenait. Il semblait que l'homme coupable de l'avoir diffamé ne pût être que sa victime. Il l'eût été sans l'appui de l'opinion : elle prit parti pour celui qui, par ce courageux affront, vengeait son humiliation et satisfaisait ses rancunes. Beaumarchais, il faut le dire, pour son coup d'essai, avait fait un coup de maître : il avait fait de sa cause celle de tout le monde; il l'avait plaidée dans des Mémoires immortels, qui créaient un genre nouveau, et faisaient monter une fois de plus, — après Voltaire, dont ils rappelaient l'éloquence, dont ils reproduisaient l'ironie avec tout ce qu'ajoute de feu à l'une, de sel à l'autre, le sentiment de l'intérêt et du péril personnels, — de simples factums judiciaires au rang des chefs-d'œuvre de notre littérature.

II

Nous venons de parler de Voltaire. C'est le cas de dire qu'il se reconnut avec plaisir dans son image, qu'il salua dans Beaumarchais, avec un enthousiasme paternel, la révélation d'un fils digne de lui, et qu'il se fit honneur de le recommander comme sien à l'opinion.

« Quel homme! écrivait-il à d'Alembert. Il réunit tout, la plaisanterie, le sérieux, la raison, la gaieté, la force, le touchant, tous les genres d'éloquence, et il n'en recherche aucun, et il confond tous ses adversaires, et il donne des leçons à ses juges. Sa naïveté m'enchante. Je lui pardonne ses imprudences et ses pétulances. »

Horace Walpole, de son côté, écrivait à Mme du Deffand :

« J'ai reçu les Mémoires de Beaumarchais; j'en suis au troisième, et cela m'amuse beaucoup. Cet homme est fort adroit, raisonne juste, a beaucoup d'esprit; ses plaisanteries sont quelquefois très bonnes, mais il s'y complaît trop. Enfin, je comprends que, moyennant l'esprit de parti actuel,

chez vous cette affaire doit faire grande sensation. »

« En Allemagne, dit M. de Loménie, le biographe de Beaumarchais, l'effet ne fut pas moindre qu'en Angleterre. Gœthe nous a raconté lui-même comment, à Francfort, dans une société où on lisait tout haut les plaidoyers de Beaumarchais, une jeune fille lui donna l'idée de transformer en drame l'épisode de Clavijo... »

Rien ne manqua donc au succès de Beaumarchais. D'obscur il devint célèbre; d'abord antipathique à l'opinion, il passa au rang de ses idoles. Les princes lui firent la cour; M. de Sartine s'empressa de mettre au service d'une négociation scabreuse les talents de ce diable d'homme, qui n'avait peur de rien et réussissait dans tout ce qu'il entreprenait. Les femmes joignirent leurs compliments aux hommages des hommes. C'est à l'occasion de son procès qu'il connut la troisième femme qui, doucement victorieuse de ses instincts vagabonds, devait le réduire peu à peu au joug des devoirs et des bonheurs domestiques, et le lui faire trouver léger.

Enfin Beaumarchais goûta dans la chute de ce parlement Maupeou, qui ne devait pas se relever des coups qu'il lui avait portés, la plus noble des vengeances, puisque la nation en triomphait avec lui.

Cette impopularité des juges de Beaumarchais ne devait pas être rachetée même par les généreuses illusions et les efforts téméraires qui associèrent les parlements réintégrés par Louis XVI, dès son avènement, sur les fleurs de lis, d'où leurs suppléants usurpateurs avaient été chassés comme intrus, aux premières revendications de cet esprit nouveau d'où sortit la Révolution.

Un des premiers actes de cette Révolution triomphante, — et ingrate en cela comme en d'autres choses, — fut de supprimer les parlements et d'envoyer à l'échafaud leurs membres, sans distinguer s'ils avaient reçu leur investiture du coup d'État de 1770 ou de la restauration du droit qui répara en 1774 l'injure faite à la justice. Le chancelier Maupeou échappa à la proscription de ces corps de judicature suprême qu'il avait tant contribué à discréditer; mais nous trouvons le conseiller Goëzman, que les vingt ans d'obscurité qui succédèrent à sa disgrâce et à sa démission non volontaire n'avaient pas fait oublier, dans une des dernières fournées de condamnés (c'est celle d'André Chénier) envoyés à la guillotine par un ancien avocat au parlement qui s'appelait Fouquier-Tinville.

Beaumarchais lui-même, en dépit de ses Mémoires, en dépit de ce Figaro qui fit plus pour la Révolution peut-être que tout le reste, devait avoir à se plaindre de la Révolution et à lui disputer sa fortune, sa liberté et sa vie. Mais nous ne sommes qu'en 1773, et par le bénéfice de notre sujet nous pouvons y rester. Ce sujet ne comporte que le récit de cette année, la plus malheureuse et la plus heureuse à la fois de la vie de Beaumarchais, où il gagna la réputation et la fortune, après avoir risqué de perdre tout, hormis la vie, même la vie, peut-on dire, puisqu'il était résolu à ne pas survivre à la ruine de son honneur.

Il ne nous reste donc, pour justifier le choix que nous avons fait des meilleures parmi les meilleures pages que Beaumarchais ait écrites, au jugement de M. de Loménie, qu'à expliquer par suite de quelles circonstances Beaumarchais, en procès avec le comte de La Blache, se trouva pris à partie par le conseiller Goëzman, et qu'à déterminer la part exacte de vérité que contient ce fameux épisode de CLAVIJO, où certains critiques, chicanant *leur émotion et marchandant leur éloge, ont exagéré la dose de fiction inévitable et légitime dans tout récit de ce genre. L'aventure est certaine. Beaumarchais la racontait à distance, en réponse à une calomnie, et l'on ne saurait lui en vouloir d'avoir ajouté à la réalité cette pointe de roman, cet assaisonnement dramatique, qui sont du droit de l'art, et le rendent parfois plus vrai que la nature elle-même. La question, toutefois, vaut la peine d'être étudiée, et nous allons trouver dans le récit sans commentaires, dans le procès-verbal historique des faits qui se rattachent au procès Goëzman et à l'épisode Clavijo, l'occasion de le faire brièvement.*

III

Beaumarchais avait eu l'occasion de rendre un service au fameux financier Pâris-Duverney, qui ne l'avait pas oublié. De là entre eux une liaison d'amitié et d'affaires qui dura dix ans, pendant lesquels Beaumarchais, tout en servant les intérêts de son patron, ne négligea point les siens. Cette association, qui ne se dénoua que par la mort de

Pâris-Duverney, avait donné lieu à des comptes dont le règlement se fit entre lui et Beaumarchais le 12 avril 1770.

Par un acte fait double sous seing privé entre les deux contractants, Beaumarchais restituait à Duverney 160,000 francs de ses billets au porteur dont il avait gage, et consentait à la résiliation de leur société pour l'exploitation de la forêt de Chinon. De son côté, Duverney déclarait Beaumarchais quitte de toutes dettes envers lui, reconnaissait lui devoir la somme de 15,000 francs, payable à sa volonté, et s'engageait à lui prêter pendant huit ans une somme de 75,000 francs.

Le contrat n'était pas encore engagé par l'exécution quand Duverney mourut, le 17 avril 1770, à l'âge de quatre-vingt-sept ans, laissant à un de ses petits-neveux par les femmes, élevé et poussé par lui, et devenu maréchal de camp, une fortune d'environ 1,500,000 francs. Ce petit-neveu favori détestait, de son propre aveu, Beaumarchais, son rival dans les bonnes grâces avunculaires, « comme un amant aime sa maîtresse ».

C'est dire qu'ils ne s'entendirent guère, et que la mort de Pâris-Duverney fut entre eux le signal d'un conflit d'intérêts qui aboutit fatalement à un procès, procès d'autant plus grave que Beaumarchais n'y défendait point seulement ses intérêts, mais son honneur, l'héritier privilégié ayant déclaré, sur la présentation de l'arrêté de comptes intervenu entre son oncle et son associé, qu'il ne reconnaissait point la signature du premier et qu'il considérait l'acte comme faux.

« Sommé de s'inscrire en faux, dit le biographe le plus autorisé de Beaumarchais, sauf à subir les conséquences d'un échec dans cette voie dangereuse, le comte de La Blache déclara qu'il se réservait d'user ou non de ce moyen, et, en attendant, il demanda aux tribunaux l'annulation de l'arrêté de comptes par voie de rescision, comme renfermant en lui-même des preuves de dol et de fraude : de sorte que Beaumarchais se trouva enlacé dans les liens de la procédure la plus odieuse, car, tout en n'osant pas l'attaquer directement comme faussaire, le comte de La Blache ne cessait de plaider indirectement la question de faux ; et, après cette discussion infamante, il prétendait cependant tirer parti contre Beaumarchais de l'acte même qu'il déclarait faux [1]. »

---

1. *Beaumarchais et son temps*, t. I, p. 35 et suiv.

Nous n'avons pas à entrer ici dans les détails de cette affaire compliquée, que M. de Loménie a exposée et élucidée dans une discussion sans réplique; nous nous bornerons aux résultats, et nous dirons qu'il appert non seulement du succès final de Beaumarchais, mais de l'enquête rétrospective approfondie à laquelle s'est livré son biographe, que ses prétentions étaient fondées, en droit et en raison, autant que celles de son adversaire l'étaient peu. Il n'en perdit pas moins son procès, non en premier ressort, aux requêtes de l'hôtel, où il le gagna par sentences des 22 février et 14 mars 1772, mais en appel devant la grand'-chambre du parlement de Paris, pour aboutir enfin, grâce à une annulation exceptionnelle et après sept années de luttes et d'angoisses, à l'arrêt définitif et réparateur du parlement de Provence, en date du 21 juillet 1778. Cet arrêt lui donna gain de cause sur tous les points, déclara l'arrêté de comptes authentique et valable, condamna le comte de La Blache à l'exécuter dans toutes ses parties, et le condamna en plus aux frais du procès et à 12,000 francs de dommages-intérêts envers sa partie adverse, pour raison de calomnie.

Ajoutons, pour en finir avec l'adversaire de

Beaumarchais, qu'il fut député aux États généraux, et que sa fille, héritière d'une fortune échappée en partie aux spoliations de la Terreur, devait épouser, après avoir été la fiancée de l'infortuné Sombreuil, le père d'un homme qui a ajouté à l'honneur d'un nom historique l'illustration littéraire et académique, M. le comte d'Haussonville.

Mais nous ne sommes encore qu'en 1773, et à ce moment Beaumarchais défendait dans des conditions désespérées, contre un adversaire sans scrupules, mais non sans crédit, non seulement sa part légitime dans l'héritage de Duverney, mais encore sa propre fortune, si laborieusement acquise et si dangereusement menacée : car dès le lendemain de l'étrange jugement du 6 avril 1773, par lequel le parlement donnait gain de cause au comte de La Blache, celui-ci, profitant du scandale causé par la querelle de Beaumarchais avec le duc de Chaulnes, du discrédit jeté sur lui par son emprisonnement au For-l'Évêque, faisait saisir impitoyablement ses biens et paralysait ses ressources matérielles en même temps qu'il ternissait sa réputation par les insinuations de ses avocats. Auteur d'un acte argué de faux, Beaumarchais, selon eux, n'était pas à l'abri des soupçons, plus graves encore, que justifiait la mort mystérieuse et subite de ses deux femmes.

Le 8 mai 1773 seulement, Beaumarchais, déshonoré et ruiné, recevait la grâce dérisoire de son élargissement, après une détention de deux mois et demi qui l'avait livré pieds et poings liés à la calomnie et à la saisie.

Il sortit de prison « se faisant honte et pitié à lui-même », dit-il; et pourtant, après une crise de découragement bien excusable, pendant laquelle dut se présenter à lui plus d'une fois la sinistre tentation du suicide, il résolut d'engager une lutte suprême, la seule à laquelle tout autre que lui n'eût pas osé seulement songer, en prenant à partie devant le parlement, et surtout devant l'opinion, qui?... son adversaire?... Non, son juge lui-même, ce conseiller Goëzman sur le rapport duquel il avait perdu son procès.

« Soutenu par Mme du Barry, qui dominait le roi et qu'animait le ressentiment du duc d'Aiguillon, flétri par un arrêt du parlement de Paris, le chancelier Maupeou avait enfin arraché à l'hésitation de Louis XV l'édit du 7 décembre 1770, qui changeait toute l'organisation des parlements. Celui de Paris avait protesté et repoussé l'édit. Le

chancelier, au lieu de suivre la marche ordinaire, cassa le parlement de Paris, confisqua les charges des magistrats, les exila, et installa un nouveau parlement, composé en majorité des membres du grand Conseil[1] ».

Ce coup d'État judiciaire, et plus encore politique, avait causé la plus vive agitation dans les esprits, et provoqué dans l'opinion une réprobation à laquelle s'étaient associés tous ceux que le respect de l'autorité n'aveuglait pas sur ses abus. Une Fronde nouvelle de pamphlets et de chansons s'était formée, à laquelle les salons et les cafés servaient de véhicule, et qui comptait des partisans jusque sur les marches du trône.

C'est cette magistrature servile, recrutée à l'aventure, et où, à côté de gens tarés comme Goëzman, le mortier et la simarre du président abritaient jusqu'à la pétulance toute militaire d'un ancien colonel de cavalerie, M. de Nicolaï, que Beaumarchais voulut achever de déshonorer en la montrant vénale.

En avril 1773, *au cours de son procès en appel contre le comte de La Blache, Beaumarchais,*

---

1. M. de Loménie.

prisonnier au For-l'Évêque, avait obtenu la permission de sortir pendant la journée pour aller, suivant l'usage, visiter et solliciter ses juges. L'affaire avait été mise en délibéré, et devait être décidée sur le rapport d'un conseiller nommé Goëzman.

Ce Goëzman, d'abord conseiller au conseil souverain d'Alsace, avait vendu sa charge, et en 1765 était venu s'établir à Paris. Son talent de jurisconsulte, au moins comme feudiste, n'était pas contesté; mais ses affaires étaient en mauvais état, par suite de sa négligence et de ses dérèglements. Il avait épousé en secondes noces une femme jeune encore et assez jolie, mais coquette, étourdie et peu scrupuleuse sur les moyens d'augmenter les ressources de ce ménage prodigue et précaire, puisqu'elle n'hésitait pas à dire devant témoins : « Il serait impossible de se soutenir honnêtement avec ce qu'on nous donne; mais nous avons l'art de plumer la poule sans la faire crier. »

Le propos, répété à Beaumarchais par le libraire Lejay, ne tomba pas dans l'oreille d'un sourd. Il n'était pas homme lui-même, en ce moment surtout, à reculer devant ces accommodements et à chicaner sur l'irrégularité de ces épices supplé-

mentaires. Il se rendit donc au conseil qui lui était donné, et consentit à se laisser plumer; mais il ne promit point de ne pas crier.

Beaumarchais chargea Lejay, devenu le courtier de cette honnête négociation, du tribut destiné à s'assurer, par la bienveillance de la femme, les bonnes grâces du juge dont les conclusions devaient décider de son sort : cent louis et une montre enrichie de diamants de la même valeur, plus quinze louis d'épingles pour le secrétaire. Ce n'était pas une contribution insignifiante, même pour un plaideur riche, à plus forte raison pour un plaideur aux abois. On juge donc du désappointement de Beaumarchais quand, deux jours après, le conseiller rapporteur conclut contre lui, et de sa colère à la pensée qu'il avait payé pour être battu. Il n'était pas content et ne fut pas apaisé par la restitution convenue de ses présents inutiles. Dans son dépit, il s'obstina à réclamer les quinze louis du secrétaire, que la dame Goëzman, par un caprice encore plus singulier, s'obstina à ne pas rendre. Or, moyennant dix autres louis (la révélation valait bien au delà pour lui), Beaumarchais apprit, à n'en pouvoir douter, que le secrétaire n'avait rien reçu de ces quinze louis, que Mme Goëzman avait cru devoir garder pour ses menus soins et peines.

Là-dessus, Beaumarchais de saisir sa plume de bataille et de sommer épistolairement la dame de s'exécuter. Celle-ci prit la mouche, joua à la vertu offensée et aima mieux nier que de restituer ces quinze louis, et confesser ainsi le prélèvement. Elle n'eut pas de peine à convaincre de son innocence son mari, qui, tout heureux de l'occasion de blanchir sa réputation, dénonça Beaumarchais au parlement comme coupable d'avoir calomnié la femme d'un juge, après avoir vainement tenté de la corrompre et de corrompre par elle son mari.

Dénonciation imprudente et procès bien téméraire, car Beaumarchais avait pris ses précautions pour esquiver le danger et rejeter sur son adversaire la honte qu'il lui destinait; et la partie n'était pas insignifiante : il risquait gros enjeu, la solution d'un pareil débat étant, aux termes d'une jurisprudence dont la formule fait froid dans le dos, omnia extra mortem. *Beaumarchais encourait comme peine* tout, excepté la mort, *c'est-à-dire l'amende honorable, le pilori, l'amende, la prison. Heureusement pour lui, malheureusement pour le sieur Goëzman, il résulta de l'information, avec une évidence écrasante, que Mme Goëzman avait accepté, gardé jusqu'à la décision du procès, la montre et les cent louis, et gardé même après cette décision les quinze louis demandés et reçus par elle pour le secrétaire.*

On devine quel éclat, quelle confusion pour le parlement, déshonoré dans la personne d'un de ses membres, non directement et personnellement coupable, il est vrai, mais qu'on ne pouvait supposer que dupe ou complice des friponneries de sa femme, et qui, à l'un ou à l'autre titre, avait souillé sa robe de ridicule ou d'infamie. Ce qui augmenta la honte des juges et la joie maligne du public, enchanté de cette transformation d'un plaideur berné qui bernait à son tour ses exploiteurs, c'est que l'affaire fut menée par Beaumarchais, c'est-à-dire par un homme qui n'épargnait pas les lumières ni les violons, et donnait avec une verve infatigable, avec un imperturbable sang-froid, avec une inépuisable gaieté, à l'opinion indignée, la plus belle fête de représailles qu'elle eût jamais reçue, le spectacle le plus amusant et le plus vengeur auquel elle eût assisté.

Les cinq mémoires publiés par Beaumarchais dans l'affaire Goëzman, tous remarquables à des titres divers, renferment des morceaux qui attirent particulièrement l'attention et l'admiration, des épisodes, des récits, des hors-d'œuvre peut-être, des chefs-d'œuvre à coup sûr, demeurés célèbres et devenus comme classiques; par exemple : le récit de la confrontation avec Mme Goëzman, le raccourci de la vie du gazetier Marin, et surtout l'aventure d'Espagne avec Clavijo, sorte de fragment des Mémoires autobiographiques de l'auteur, où il déploie avec une prodigalité que quelques-uns ont taxée d'excessive le plus heureux génie, l'art le plus habile du récit dramatique. C'est cet épisode de Clavijo que nous reproduisons, non sans avoir donné, pour finir, les motifs de notre choix, et sans avoir confronté avec la réalité ce récit, qui a semblé un peu romancé à quelques critiques sceptiques.

IV

« Beaumarchais eut cinq sœurs, dont trois vinrent au monde avant lui. L'aînée, Marie-Josèphe Caron, mariée à un architecte nommé Guilbert, alla se fixer à Madrid avec son mari et une de

ses sœurs. Elles y établirent un magasin de modes. Le mari, qualifié architecte du roi d'Espagne, devint fou et mourut. Sa veuve retourna en France, en 1772, sans fortune, avec deux enfants. Beaumarchais lui fit, jusqu'à sa mort, une pension qu'il continua aux enfants, dont le dernier cessa de vivre en 1785. La seconde sœur de Beaumarchais, Marie-Louise Caron, qu'on nomme Lisette dans la correspondance de famille, est la fiancée de Clavijo, l'héroïne de l'épisode romanesque raconté dans les Mémoires contre Goëzman, et dont Gœthe a fait un drame. Les documents laissés par Beaumarchais offrent peu de renseignements sur Lisette. Elle était, à ce qu'il paraît, spirituelle et jolie. Après sa rupture avec Clavijo, il fut question de la marier avec un ami de son frère; mais le mariage n'eut pas lieu. Elle revint, je crois, en France avec sa sœur aînée, et se retira avec elle dans le couvent des Dames de la Croix, à Roye, en Picardie[1]. »

Les inductions du biographe de Beaumarchais sur l'âge que pouvait avoir en 1764, époque de

---

1. *Beaumarchais et son temps,* par M. de Loménie, t. I, p. 35.

son aventure avec Clavijo, la sœur en faveur de laquelle le futur auteur du Barbier de Séville *déploya un dévouement peut-être plus romanesque qu'héroïque, ne sont pas faites pour donner tort, en apparence du moins, aux sceptiques qui en trouvent l'exaltation un peu factice, puisque, d'après ce témoignage, elle devait avoir, à cette époque, au moins trente-trois ans.*

Mais l'âge ne fait rien à l'affaire : Marie-Louise Caron pouvait, même après la trentaine, être jolie et aimable; seulement elle était un peu lasse d'attendre et pressée d'être épousée. De là le bon accueil fait aux hommages de Clavijo, et, lorsqu'il faillit à ses serments, le désespoir de l'abandonnée et la fureur de son frère, qui sentait la nécessité pour elle de renoncer à toute chance d'établissement si l'affront de la retraite du prétendant n'était pas réparé ou vengé. Bien loin donc d'être un motif de suspicion contre la fidélité et la sincérité du récit de Beaumarchais, l'âge de sa sœur explique et excuse précisément l'ardeur implacable qu'il apporta dans la revendication des droits de celle dont il avait la naturelle protection.

Quant à l'épisode de Clavijo en lui-même, il n'offre rien que d'assez ordinaire. Une promesse de mariage faite et non tenue, une négociation conciliatrice d'abord, puis vengeresse, menée par Beaumarchais avec la furia francese, *tempérée par une rare habileté, contrariée par le fiancé réfractaire avec un mélange de fierté et de ruse très caractéristiques, et aboutissant, après des vicissitudes un moment dangereuses pour le champion de l'honneur fraternel, au dénouement souhaité, c'est-à-dire, sinon à un mariage, du moins à un châtiment réparateur : tel est le canevas de cette affaire, qui vaut surtout par la broderie, c'est-à-dire par le détail pittoresque, l'accent dramatique, la passion généreuse et sympathique qui anime tout le récit.*

Confronté avec les documents de famille par l'historien de Beaumarchais, il a résisté à cet examen impartial, et aucune maille de cette trame brillante n'a cédé au temps, qui n'en a point pâli les couleurs.

Qu'importe maintenant que Beaumarchais puisse être soupçonné, comme l'en accuse un ingénieux critique, M. Édouard Fournier, de s'être par trop libéralement donné le beau rôle dans cette affaire, aux dépens de son adversaire? Qu'importe même qu'il paraisse avoir provoqué par une lettre anonyme qu'on peut croire supposée, tant il met de complaisance à la citer, la confidence indiscrète, si flatteuse pour la générosité de son caractère, qui réhabilite les mobiles de ce voyage d'Espagne, attribué malignement à des intérêts moins sacrés que des intérêts de famille?

L'animosité des adversaires de Beaumarchais, qui ne reculait pas devant des insinuations tendant à le faire croire capable de faux et d'empoisonnement, ne devait pas reculer davantage devant une calomnie de plus. A des ennemis si peu scrupuleux une lettre anonyme n'était pas faite pour coûter beaucoup. Il est donc permis de croire à l'authenticité de la lettre injurieuse dont Beaumarchais fait le prétexte de sa justification; mais, quand bien même cette mise en demeure ne serait qu'un artifice d'audience, il n'aurait rien que de licite, tous les moyens honnêtes étant ouverts à celui qui plaide sa cause, et leur choix comme le moment de leur emploi lui appartenant en vertu du droit de la défense.

Nous concédons volontiers que, si Beaumarchais n'a pas manqué à la vérité en ce qui touche son adversaire, il a peut-être manqué à la charité. La mémoire de Clavijo a trouvé, à ce point de vue, des protecteurs qui ont invoqué comme circonstance atténuante d'une faute privée une vie publique exempte de blâme et qui ne fut pas sans honneur.

Nous ne chicanerons pas sur ce point, et nous admettrons comme très justifiés les éloges que certains biographes accordent à Clavijo, et avec lesquels ils pansent les blessures faites à son amour-propre et à sa réputation par la plume acérée de son détracteur. Quoi qu'il en soit, et bien que Clavijo ait laissé la renommée d'un littérateur estimable, il devra l'immortalité plus à son adversaire qu'à lui-même, et plus au souvenir des MÉMOIRES *de Beaumarchais qu'à ses ouvrages.*

Qui saurait, sans le fameux récit que nous reproduisons à titre de petit chef-d'œuvre, et sans le drame que lui a emprunté Gœthe du vivant même de son héros, que Joseph Clavijo, rédacteur du MERCURE HISTORIQUE ET POLITIQUE, *traducteur de Buffon en espagnol, est mort à Madrid en 1806, vice-directeur du cabinet d'histoire naturelle? Et qu'importe à la postérité, qui ne s'inquiète pas plus des douleurs qu'ont coûté les œuvres qu'elle admire que la nature ne s'inquiète des êtres qu'elle écrase dans les engrenages de ses merveilles, que Clavijo ait plus ou moins à se plaindre de l'écrivain qui a fait de lui un portrait non flatté, mais immortel?*

M. DE LESCURE.

CLAVIJO

Depuis douze ou quinze jours, Marin fait courir par la ville une lettre d'un soi-disant ambassadeur adressée à lui, dans laquelle on suppose que j'ai commis, en pays étranger, des crimes dignes du dernier supplice. Les uns mettent la scène en Italie, d'autres la portent en Angleterre; les commis de Marin, les sieurs Adam et Mercier, en racontant ce prétendu délit, ont attesté devant neuf ou dix témoins, qui le certifieront, qu'à son occasion mon procès m'avait été commencé; que, si je n'eusse pris promptement la fuite, j'aurais été *pendu.*

Le fameux Bertrand, en faisant circuler la lettre, prétend qu'elle est signée d'un ambassadeur d'Espagne et de cinq ou six personnes de considération. C'est un triomphe, une joie, une liesse, parmi ces messieurs, qui ne se conçoit pas. Chacun court, s'évertue, se rend chez Marin, qui régale tout l'enfer, taille des plumes empoisonnées, remplit les cornets de fiel, échauffe les esprits par un verre de bitume et met les démons au travail : et de tout cela doit sortir un long et superbe article pour le Mémoire de Marin, qui, à ce sujet, a déjà pris, dit-on, cent rames de papier chez Bougy et les a envoyées à son imprimeur.

Et voilà encore les pauvres honnêtes gens de la ville qui disent, comme à la liste de la portière : « Jamais, jamais Beaumarchais ne se tirera de la lettre d'Espagne. Cela est sans réplique : voilà des faits, des témoignages, des signatures ; on a écrit pour avoir les pièces justificatives ; et cette anecdote est son coup de grâce. »

Mes amis s'inquiètent pour moi, s'agitent,

cherchent la lettre de toute part. Enfin, hier au soir, 12 janvier 1774, on m'en a remis une copie, et je tiens dans mes mains ce chef-d'œuvre. Avant de l'imprimer, j'ai commencé par déposer au greffe de la cour cette copie telle qu'on me l'a remise, et, par ma requête au parlement en réponse à celle de Marin, je supplie la cour d'ordonner qu'il soit informé sur la lettre, ainsi que sur autres faits et gestes du gazetier.

Copie exacte de l'écrit soi-disant envoyé a Marin, et qui m'a été remis de la part d'un de ses amis, qui le certifiera s'il est entendu sur ce fait.

Après toutes les horreurs que le sieur Caron a vomies contre vous, Monsieur, et contre tout le monde, je crois que vous voulez le faire repentir; il a l'insolence de vous défier de parler : il faut qu'il soit, comme on dit, fou; cela m'a plus révolté que tout le reste; et, comme en vous vengeant vous nous vengerez aussi, et autant pour punir un scélérat que pour faire plaisir à tant d'offensés, il faut le prendre par où il ne s'attend pas; il croit être en sûreté parce qu'il a pu dans ce pays ici cacher sa méchanceté sous des apparences qui le tireraient toujours de nos reproches; il dit partout qu'il fera repentir le premier qui l'attaquera dans sa conduite : peut-être a-t-il raison pour ce qui regarde la France; mais, le misérable! il ne croit pas qu'il y a des gens instruits de ses coquineries en Espagne. Mais moi j'y étais, tous mes amis et mes parents y sont encore, et la preuve est au bout ici. Il avait sa sœur, maîtresse du seigneur Joseph Clavijo, à Madrid, garde des archives de la couronne, mon parent, qui s'en dégoûta par mauvaise conduite. Son frère vint dans l'espérance de faire épouser malgré lui sa sœur à mon parent, qui, le 24 mai 1764, rendit une plainte que le sieur Caron, dit Beaumarchais, était venu à six heures du matin, s'était fait introduire sous un faux nom chez M. Portuguès, chef des bureaux d'État, où il logeait, et qu'ayant fermé la porte et présenté un pistolet, lui avait fait signer une promesse de mariage dans son lit, sous peine de le tuer s'il bronchait; c'est bien pis que ce qu'il dit de M. Goëzman. Et, comme chez nous les présents sont une preuve qu'on veut épouser, il s'était fait en même temps donner des bijoux, des pièces d'or étrangères, enfin pour près de 8,000 livres comme présents de noces, faits de bon gré : là-dessus il y eut ordre, sur la plainte de mon parent à M. le marquis de Robiou, commandant de Madrid, de faire mettre le fripon au cachot, qui se sauva chez l'ambassadeur de France ; mais, quand il fallut rendre les bijoux, il dit que son laquais les avait volés, et garda tout comme un gueux, déshonoré par cette friponnerie ; et puis après, pour rendre au seigneur Clavijo le tour qu'il lui avait joué, il fut chercher une femme de chambre que Clavijo avait entretenue avant sa sœur ; il donne de l'argent à cette fille pour présenter à la justice des lettres de mon parent ; il prétendit que c'était des promesses de mariage ; et, comme on est très rigoureux chez nous sur ce cas, en attendant que tout fût clair, on arrêta mon parent, qui eut bientôt prouvé et fait avouer à la fille que le fripon avait remué cette corde. Enfin, pour couronner tout, il finit par tenir la banque un soir chez l'ambassadeur de Russie avec des cartes arrangées, et gagna près de cent mille livres la nuit : l'ambassadeur le fit chasser ; on se plaignit à M. d'Ossun, qui lui ordonna de sortir d'Espagne vite, où il laissa tout, habit, linge, pour s'en aller bien vite à cheval : il aurait été pourrir en cachot ; et ce n'est pas là des contes. J'ai écrit pour avoir la preuve et lever la plainte de mon parent qui est publique pour faits de violence et friponnerie. Il a fait un conte différent du vrai en France ; mais vous aurez plus de témoins qu'il n'en faut, parce qu'ayant chez lui le vrai, dans le temps qu'on a fait inventaire chez lui, il a voulu arracher les papiers à la justice, qui les a lus malgré lui, et tous l'ont connu pour ce qu'il est. Faites-en ce qu'il vous plaira, vous ou M. Goëzman. Voilà pour le payer du baptême, *qui est une chose très innocente. Une femme qui était son amie, vous entendez, là-bas, veut bien conter les choses comme lui, quand ils en parlent ; mais nous avons, Dieu merci, toutes les preuves, les lettres et tout. Il vous défie ? Eh bien ! défiez-le de se justifier sur sa coquinerie d'Espagne, sur sa sœur ; et, s'il ose parler, comme il ne dira que des mensonges, il sera pris, nous fondrons tous sur lui, comme pour instruire de tout contre un si grand imposteur, et, une fois bien démasqué là-dessus, il faut qu'il s'enfuie tout le reste de sa vie. Il n'y a rien qui vaille ça, et M. Portuguès, et M. Llanos, et M. Pachico, et autres personnes du conseil du roi, à Madrid, tous amis de mon parent, donneront leur attestation, et on fournira tout au parlement, on peut en être sûr : s'il n'avait pas été protégé par M. d'Ossun avant que l'ambassadeur sût la vérité, jamais il n'aurait revu le jour. M. d'Ossun s'en est bien repenti après l'affaire du jeu. Il l'a écrit aux Dames, c'est la vraie cause secrète qu'elles n'ont plus voulu que le fripon approchât d'elles à Versailles; mais voilà ce qu'on ne dit pas tout haut : encore un petit moment! Je suis, avec bien de l'empressement, et à votre service et celui de tous les honnêtes gens qui sont les ennemis de ce fripon-là,*

Monsieur,

Votre très humble et obéissant serviteur.

Voulez-vous m'envoyer votre Mémoire et autres par mon laquais? Je les ferai passer à Madrid par le premier courrier, ça fera plaisir à tout le monde.

Cette misérable lettre n'est point signée, ou parce que l'original lui-même est anonyme, ou parce qu'on n'a pas voulu, en me l'envoyant, mettre le nom de celui qui l'avait écrite, dans la crainte de mes recherches. Les uns disent qu'elle est d'un ambassadeur, les autres d'un homme venu d'Espagne avec M. le comte d'Aranda; d'autres, qu'elle est signée d'un gentilhomme arrivé depuis peu. Jamais gentilhomme n'a écrit de ce style. Quoi qu'il en soit, en attendant que ce gentilhomme de cuisine ou de gazette fasse venir ses preuves d'Espagne et les fournisse à Marin pour enguirlander son Mémoire, voici ma réponse à la lettre échappée du tripot.

Quelques notions confuses d'une querelle d'éclat que j'eus en 1764, à Madrid, ont fait sans doute espérer à mes ennemis qu'ils pourraient établir une nouvelle diffamation sur cette aventure ignorée en France, et sur laquelle il resterait au moins des soupçons affreux contre moi, de quelque façon que j'entreprisse de m'en justifier après dix ans de silence et à quatre cents lieues de l'endroit de la scène.

Et moi, pressé de relever des faits aussi graves, je vais tout uniment ouvrir les mémoires de mon voyage d'Espagne en 1764, et donner en 1774, à ce fragment de ma vie, une publicité qu'il ne devait jamais avoir.

Dans un événement aussi extraordinaire que celui dont je vais rendre compte, tout ne peut être à mon avantage; et, quoi que je fasse, il me sera toujours reproché par les uns d'avoir mis trop de fierté dans ma conduite; par les autres cette fierté sera peut-être appelée arrogance; mais un jour, mieux connu, et toutes mes actions se servant d'appui, l'on finira par trouver que je n'ai mis à celle-ci ni dureté ni arrogance, mais seulement une fermeté d'âme que l'orgueil de bien faire a quelquefois exaltée.

S'il se mêle un peu d'amour-propre à faire le bien, cet amour-propre est de la plus noble espèce. Loin de le regarder comme un mal, et sans nous donner pour meilleurs que nous ne sommes en effet, il faut avouer que le bonheur d'être estimable tient beaucoup à l'honneur d'être estimé. Rois, sujets, grands et petits, tous sont affamés de la considération publique. Heureux celui qui ne l'a jamais perdue! plus heureux mille fois celui qui, n'ayant pas mérité de la perdre, a pu enfin la recouvrer! C'est à quoi je travaille nuit et jour.

Je remercie mes ennemis de la sévère inquisition qu'ils établissent sur ma vie. Cette liberté dans les procès a au moins cela de bon que la crainte d'être diffamé à la première querelle peut retenir dans le devoir nombre de gens dont les principes ne sont pas assez certains. Je rends grâces à ces messieurs des occasions qu'ils me fournissent sans cesse de me justifier; mais je prie le lecteur de se souvenir que, quelque extraordinaire que lui paraisse ce qu'il va lire, ma précédente réponse au comte de La Blache, sur l'incroyable fait des lettres supposées de Mesdames, n'offre rien de plus évident ni de plus respectable que les preuves dont j'appuierai cette étonnante narration.

FRAGMENT D'UN VOYAGE D'ESPAGNE.

Année 1764.

DEPUIS quelques années j'avais eu le bonheur de m'envelopper de toute ma famille. L'union, la joie, la reconnaissance, étaient la récompense continuelle des sacrifices que cet entour exigeait, et me consolaient de l'injure extérieure que des méchants faisaient dès lors à mes sentiments.

De cinq sœurs que j'avais, deux, confiées dès leur jeunesse par mon père à l'un de ses correspondants d'Espagne, ne m'avaient laissé d'elles qu'un souvenir faible et doux, quelquefois ranimé par leur correspondance.

En février 1764, mon père reçoit de sa fille aînée une lettre pleine d'amertume, dont voici la substance :

« Ma sœur vient d'être outragée par un homme aussi accrédité que dangereux. Deux fois, à l'instant de l'épouser, il a manqué de parole et s'est brusquement retiré sans daigner même excuser sa conduite. La sensibilité de ma sœur offensée l'a jetée dans un état de mort dont il y a beaucoup d'apparence que nous ne la sauverons pas ; tous ses nerfs se sont retirés, et depuis six jours elle ne parle plus.

« Le déshonneur que cet événement verse sur elle nous a plongées dans une retraite profonde, où je pleure nuit et jour en prodiguant à cette infortunée des consolations que je ne suis pas en état de prendre pour moi-même.

« Tout Madrid sait que ma sœur n'a rien à se reprocher.

« Si mon frère avait assez de crédit pour nous faire recommander à M. l'ambassadeur de France, Son Excellence mettrait à nous protéger une bonté de prédilection qui arrêterait tout le mal qu'un perfide nous fait et par sa conduite et par ses menaces, etc..... »

Mon père vient me trouver à Versailles et me remet, en pleurant, la lettre de sa fille : « Voyez, mon fils, ce que vous pouvez pour ces deux infortunées : *elles ne sont pas moins vos sœurs que les autres.* »

Je me sentis aussi ému que lui au récit de la terrible situation de ma sœur. « Hélas! mon père, lui dis-je, quelle espèce de recommandation puis-je obtenir pour elles? Qu'irai-je demander? Qui sait si elles n'ont pas donné lieu, par quelques fautes qu'elles nous cachent, à la honte qui les couvre aujourd'hui? — J'oubliais, reprit mon père, de vous montrer plusieurs lettres de notre ambassadeur à votre sœur aînée, qui annonçent la plus haute estime pour l'une et pour l'autre. »

Je lisais ces lettres, elles me rassuraient; et la phrase : *elles ne sont pas moins vos sœurs que les autres,* me frappant jusqu'au fond du cœur : « Ne pleurez point, dis-je à mon père, je prends un parti qui peut vous étonner, mais qui me paraît le plus certain comme le plus sage.

« Ma sœur aînée indique plusieurs personnes

respectables qui déposeront, dit-elle, à son frère à Paris de la bonne conduite et de la vertu de sa sœur. Je veux les voir, et, si leur témoignage est aussi honorable que celui de M. l'ambassadeur de France, je demande un congé, je pars, et, ne prenant conseil que de la prudence et de ma sensibilité, je les vengerai d'un traître, ou je les ramène à Paris partager avec vous ma modique fortune. »

Le succès de mes informations m'échauffe le cœur; alors, sans autre délai, je reviens à Versailles apprendre à mes augustes protectrices qu'une affaire aussi douloureuse que pressée exige ma présence à Madrid et me force de suspendre toute espèce de service auprès d'elles.

Étonnées d'un départ aussi brusque, leur bonté respectable va jusqu'à vouloir être instruites de la nature de ce nouveau malheur. Je montre la lettre de ma sœur aînée : « Partez, et soyez sage, » fut l'honorable encouragement que je reçus des princesses. « Ce que vous entreprenez est bien, et vous ne manquerez pas d'appui en Espagne, si votre conduite est raisonnable. »

Mes apprêts furent bientôt faits. Je craignais

de ne pas arriver assez tôt pour sauver la vie à ma pauvre sœur. Les plus fortes recommandations auprès de notre ambassadeur me furent prodiguées et devinrent l'inestimable prix de quatre ans de soins employés à l'amusement de Mesdames.

A l'instant de mon départ, je reçois la commission de négocier en Espagne une affaire très intéressante au commerce de France. M. Duverney, touché du motif de mon voyage, m'embrasse et me dit : « Allez, mon fils, sauvez la vie à votre sœur. Quant à l'affaire dont vous êtes chargé, quelque intérêt que vous y preniez, souvenez-vous que je suis votre appui : je l'ai promis publiquement à la famille royale, et je ne manquerai jamais à un engagement aussi sacré. Je m'en rapporte à vos lumières ; voilà pour deux cent mille francs de billets au porteur que je vous remets pour augmenter votre consistance personnelle par un crédit de cette étendue sur moi. »

Je pars et vais nuit et jour de Paris à Madrid. Un négociant français, feignant d'avoir affaire à Bayonne, mais engagé secrètement par ma famille de m'accompagner et de veiller à ma sûreté, m'avait demandé une place dans ma chaise.

J'arrive à Madrid le 18 mai 1764, à onze heures du matin. J'étais attendu depuis quelques jours; je trouvai mes sœurs entourées de leurs amis, à qui la chaleur de ma résolution avait donné le désir de me connaître.

A peine les premières larmes sont-elles épanchées que, m'adressant à mes sœurs : « Ne soyez pas étonnées, leur dis-je, si j'emploie ce premier moment pour apprendre l'exacte vérité de votre malheureuse aventure; je prie les honnêtes gens qui m'environnent, et que je regarde comme mes amis puisqu'ils sont les vôtres, de ne pas vous passer la plus légère inexactitude. Pour vous servir avec succès, il faut que je sois fidèlement instruit. »

Le compte fut exact et long. A ce récit, la sensibilité de tout le monde justifiant la mienne, j'embrassai ma jeune sœur et lui dis : « A présent que je sais tout, mon enfant, sois en repos; je vois avec plaisir que tu n'aimes plus cet homme-là : ma conduite en devient plus aisée; dites-moi seulement où je puis le trouver à Madrid. » Chacun élève la voix et me conseille de commencer par aller à Aranjuez voir M. l'ambassadeur, dont la prudence consommée devait diriger mes démarches dans une affaire aussi épineuse, notre ennemi étant excessivement soutenu par les relations que sa place lui donnait avec des gens fort puissants : je ne devais rien hasarder à Madrid avant d'avoir eu l'honneur d'entretenir Son Excellence à Aranjuez.

« Cela va bien, mes amis, car je vous regarde tous comme tels ; procurez-moi seulement une voiture de route, et demain je vais saluer M. l'ambassadeur à la cour. Mais ne trouvez pas mauvais que je prenne, avant de le voir, quelques instructions essentielles à mon projet ; la seule chose en laquelle vous puissiez tous me servir est de garder le secret sur mon arrivée jusqu'à mon retour d'Aranjuez. »

Je fais tirer promptement un habit de mes malles, et, m'ajustant à la hâte, je me fais indiquer la demeure de don Joseph Clavijo, garde des archives de la couronne, et j'y cours. Il était sorti ; l'on m'apprend l'endroit où je puis le rencontrer, et, dans le salon même d'une dame chez laquelle il était, je lui dis, sans me faire connaître, qu'arrivé de France le jour même et chargé de quelques commissions pour lui, je lui demandais la permission de l'entretenir le plus tôt possible. Il me remit au lendemain matin à neuf heures, en m'invitant au chocolat, que j'acceptai pour moi et pour le négociant français qui m'accompagnait.

Le lendemain 19 mai, j'étais chez lui à huit heures et demie ; je le trouvai dans une maison splendide, qu'il me dit appartenir à dom Antonio Portuguès, l'un des chefs les plus estimés des bureaux du ministère, et tellement son ami qu'en son absence il usait librement de sa maison comme de la sienne propre.

« Je suis chargé, Monsieur, lui dis-je, par une société de gens de lettres, d'établir, dans toutes les villes où je passerai, une correspondance littéraire avec les hommes les plus savants du pays. Comme aucun Espagnol n'écrit mieux que l'auteur des feuilles appelées *le Pensador*[1], à qui j'ai l'honneur de parler, et que son mérite littéraire a fait même assez distinguer du roi pour qu'il lui confiât la garde d'une de ses archives, j'ai cru ne pouvoir mieux servir mes

1. En français, *le Penseur*.

amis qu'en les liant avec un homme de votre mérite. »

Je le vis enchanté de ma proposition. Pour mieux connaître à quel homme j'avais affaire, je le laissai longtemps discourir sur les avantages que les diverses nations pouvaient tirer de pareilles correspondances. Il me caressait de l'œil, il avait le ton affectueux, il parlait comme un ange et rayonnait de gloire et de plaisir.

Au milieu de sa joie, il me demande à mon tour quelle affaire me conduisait en Espagne, heureux, disait-il, s'il pouvait m'y être de quelque utilité. « J'accepte avec reconnaissance des offres aussi flatteuses, et n'aurai point, Monsieur, de secrets pour vous. »

Alors, voulant le jeter dans un embarras dont la fin seule de mon discours devait le tirer, je lui présentai de nouveau mon ami. « Monsieur, lui dis-je, n'est pas tout à fait étranger à ce que je vais vous dire, et ne sera pas de trop à notre conversation. » Cet exorde le fit regarder mon ami avec beaucoup de curiosité.

« Un négociant français, chargé de famille et d'une fortune assez bornée, avait beaucoup de correspondants en Espagne. Un des plus riches, passant à Paris il y a neuf ou dix ans, lui fit cette proposition : « Donnez-moi deux de vos « filles, que je les emmène à Madrid : elles s'é- « tabliront chez moi, garçon âgé, sans famille; « elles feront le bonheur de mes vieux jours et « succéderont au plus riche établissement de « l'Espagne. »

« L'aînée, déjà mariée, et une de ses sœurs, lui furent confiées. En faveur de cet établissement, leur père se chargea d'entretenir cette nouvelle maison de Madrid de toutes les marchandises de France qu'on lui demanderait.

« Deux ans après, le correspondant mourut et laissa les Françaises sans aucun bienfait, dans l'embarras de soutenir toutes seules une maison de commerce. Malgré ce peu d'aisance, une bonne conduite et les grâces de leur esprit leur conservèrent une foule d'amis qui s'empressèrent à augmenter leur crédit et leurs affaires. (Ici je vis Clavijo redoubler d'attention.)

« A peu près dans ce même temps, un jeune homme, natif des îles Canaries, s'était fait présenter dans la maison. (Toute sa gaieté s'évanouit à ces mots qui le désignaient.) Malgré son peu de fortune, les dames, lui voyant une grande ardeur pour l'étude de la langue française et des sciences, lui avaient facilité les moyens d'y faire des progrès rapides.

« Plein du désir de se faire connaître, il forme enfin le projet de donner à la ville de Madrid le plaisir, tout nouveau pour la nation, de lire une feuille périodique dans le genre du *Spectateur anglais*. Il reçoit de ses amis des encouragements et des secours de toute nature : on ne doute point qu'une pareille entreprise n'ait le plus grand succès. Alors, animé par l'espérance de réussir à se faire un nom, il ose se proposer ouvertement pour épouser la plus jeune des Françaises.

« Commencez, lui dit l'aînée, par réussir; et, « lorsque quelque emploi, faveur de la cour, « ou tel autre moyen de subsister honorable- « ment, vous aura donné le droit de songer à « ma sœur, si elle vous préfère à d'autres pré- « tendants, je ne vous refuserai pas mon con- « sentement. »

(Il s'agitait étrangement sur son siége en m'écoutant; et moi, sans faire semblant de m'en apercevoir, je poursuivis ainsi :)

« La plus jeune, touchée du mérite de

l'homme qui la recherchait, refuse divers partis avantageux qui s'offraient pour elle, et, préférant d'attendre que celui qui l'aimait depuis quatre ans eût rempli les vues de fortune que tous ses amis osaient espérer pour lui, l'encourage à donner sa première feuille philosophique sous le titre imposant du *Pensador*.

(Ici je vis mon homme prêt à se trouver mal.)

« L'ouvrage, continuai-je avec un froid glacé, eut un succès prodigieux ; le roi même, amusé de cette charmante production, donna des marques publiques de bienveillance à l'auteur. On lui promit le premier emploi honorable qui vaquerait. Alors il écarta tous les prétendants à sa maîtresse par une recherche absolument publique. Le mariage ne se retardait que par l'attente de l'emploi qu'on avait promis à l'auteur des feuilles. Enfin, au bout de six ans d'attente d'une part, de soins et d'assiduités de l'autre, l'emploi parut, et l'homme s'enfuit.

(Ici l'homme fit un soupir involontaire, et, s'en apercevant lui-même, il en rougit de confusion ; je remarquais tout sans cesser de parler.)

« L'affaire avait trop éclaté pour qu'on pût en voir le dénoûment avec indifférence. Les dames avaient pris une maison capable de contenir deux ménages ; les bans étaient publiés. L'outrage indignait tous les amis communs, qui s'employèrent efficacement à venger cette insulte. M. l'ambassadeur de France s'en mêla ; mais, lorsque cet homme apprit que les Françaises employaient les protections majeures contre lui, craignant un crédit qui pouvait renverser le sien et détruire en un moment sa fortune naissante, il vint se jeter aux pieds de sa maîtresse irritée. A son tour il employa tous ses amis pour la ramener, et, comme la colère d'une femme trahie n'est presque jamais que de l'amour déguisé, tout se raccommoda ; les préparatifs d'hymen recommencèrent, les bans se publièrent de nouveau, l'on devait s'épouser dans trois jours. La réconciliation avait fait autant de bruit que la rupture. En partant pour Saint-Hildephonse, où il allait demander à son ministre la permission de se marier : « Mes amis, dit-il, conservez-moi le cœur chancelant de ma maîtresse jusqu'à ce que je revienne du *Sitio real*, et disposez toutes choses de façon qu'en arrivant je puisse aller au temple avec elle. »

Malgré l'horrible état où mon récit le mettait,

incertain encore si je racontais une histoire étrangère à moi, ce Clavijo regardait de temps en temps mon ami, dont le sang-froid ne l'instruisait pas plus que le mien. Ici je renforçai ma voix en le fixant, et je continuai :

« Il revient en effet de la cour le surlendemain; mais, au lieu de conduire sa victime à l'autel, il fait dire à l'infortunée qu'il change d'avis une seconde fois et ne l'épousera point. Les amis, indignés, courent à l'instant chez lui : l'insolent ne garde plus aucun ménagement et les défie tous de lui nuire, en leur disant que, si les Françaises cherchaient à le tourmenter, elles prissent garde à leur tour qu'il ne les perdît pour toujours dans un pays où elles étaient sans appui.

« A cette nouvelle, la jeune Française tomba dans un état de convulsions qui fit craindre pour sa vie. Au fort de leur désolation, l'aînée écrivit en France l'outrage public qui leur avait été fait : ce récit émut le cœur de leur frère au point que, demandant aussitôt un congé pour venir éclaircir une affaire aussi embrouillée, il n'a fait qu'un saut de Paris à Madrid; et ce frère, *c'est moi*, qui ai tout quitté, patrie, devoirs, famille, état, plaisirs, pour venir venger en Espagne une sœur innocente et malheureuse; c'est moi, qui viens, armé du bon droit et de la fermeté, démasquer un traître, écrire en traits de sang son âme sur son visage : et ce traître, *c'est vous.* »

Qu'on se forme le tableau de cet homme, étonné, stupéfait de ma harangue, à qui la surprise ouvre la bouche et y fait expirer la parole glacée; qu'on voie cette physionomie radieuse, épanouie sous mes éloges, se rembrunir par degrés, ses yeux s'éteindre, ses traits s'allonger, son teint se plomber.

Il voulut balbutier quelques justifications. « Ne m'interrompez pas, Monsieur : vous n'avez rien à me dire, et beaucoup à entendre de moi. Pour commencer, ayez la bonté de déclarer devant monsieur, qui est exprès venu de France avec moi, si, par quelque manque de foi, légèreté, faiblesse, aigreur, ou quelque autre vice que ce soit, ma sœur a mérité le double outrage que vous avez eu la cruauté de lui faire publiquement. — *Non, Monsieur, je reconnais dona Maria, votre sœur, pour une demoiselle pleine d'esprit, de grâces et de vertus.* — Vous a-t-elle donné quelque sujet de vous plaindre d'elle depuis que vous la connaissez? — *Jamais, jamais.* — Eh!

pourquoi donc, monstre que vous êtes, lui dis-je en me levant, avez-vous eu la barbarie de la traîner à la mort, uniquement parce que son cœur vous préférait à dix autres plus honnêtes et plus riches que vous? — *Ah! Monsieur, ce sont des instigations, des conseils. Si vous saviez...* — Cela suffit. »

Alors, me retournant vers mon ami : « Vous avez entendu la justification de ma sœur; allez la publier. Ce qui me reste à dire à monsieur n'exige plus de témoins. » Mon ami sort. Clavijo, bien plus étonné, se lève à son tour; je le fais rasseoir. « A présent, Monsieur, que nous sommes seuls, voici quel est mon projet, et j'espère que vous l'approuverez.

« Il convient également à vos arrangements et aux miens que vous n'épousiez pas ma sœur, et vous sentez que je ne viens pas ici faire le personnage d'un frère de comédie qui veut que sa sœur se marie; mais vous avez outragé à plaisir une femme d'honneur, parce que vous l'avez crue sans soutien en pays étranger : ce procédé est celui d'un malhonnête homme et d'un lâche. Vous allez donc commencer par reconnaître de votre main, en pleine liberté, toutes vos portes ouvertes et vos gens dans cette salle, qui ne nous entendront point parce que nous parlerons français, que vous êtes un homme abominable qui avez trompé, trahi, outragé ma sœur sans aucun sujet; et, votre déclaration dans mes mains, je pars pour Aranjuèz où est mon ambassadeur, je lui montre l'écrit, je le fais ensuite imprimer; après demain la cour et la ville en seront inondées; j'ai des appuis considérables ici, du temps et de l'argent : tout sera employé à vous faire perdre votre place, à vous poursuivre de toute manière et sans relâche, jusqu'à ce que le ressentiment de ma sœur apaisé m'arrête et me dise holà.

— *Je ne ferai point une telle déclaration,* me dit Clavijo d'une voix altérée. — Je le crois : car peut-être, à votre place, ne la ferais-je pas non plus. Mais voici le revers de la médaille. Écrivez ou n'écrivez pas : de ce moment je reste avec vous; je ne vous quitte plus; je vais partout où vous irez, jusqu'à ce que, impatienté d'un pareil voisinage, vous soyez venu vous délivrer de moi derrière *Buen-Retiro* [1]. Si je suis plus heu-

1. L'ancien palais des rois d'Espagne à Madrid.

reux que vous, Monsieur, sans voir mon ambassadeur, sans parler à personne ici, je prends ma sœur mourante entre mes bras, je la mets dans ma voiture, et je m'en retourne en France avec elle. Si, au contraire, le sort vous favorise, tout est dit pour moi; je fais mon testament avant de partir; vous aurez eu tous les avantages sur nous : permis à vous alors de rire à nos dépens. Faites monter le déjeuner. »

Je sonne librement : un laquais entre, apporte le chocolat. Pendant que je prends ma tasse, mon homme, absorbé, se promène en silence, rêve profondément, prend son parti tout de suite et me dit :

« Monsieur de Beaumarchais, écoutez-moi. Rien au monde ne peut excuser ma conduite envers mademoiselle votre sœur. L'ambition m'a perdu; mais, si j'eusse prévu que *dona Maria* eût un frère comme vous, loin de la regarder comme une étrangère isolée, j'aurais conclu que les plus grands avantages devaient suivre notre union. Vous venez de me pénétrer de la plus haute estime, et je me mets à vos pieds pour vous supplier de travailler à réparer, s'il est possible, tous les maux que j'ai faits à votre sœur.

Rendez-la-moi, Monsieur, et je me croirai trop heureux d'obtenir de vous ma femme et le pardon de tous mes crimes. — Il n'est plus temps, ma sœur ne vous aime plus : faites seulement la déclaration, c'est tout ce que j'exige de vous; et trouvez bon, après, qu'en ennemi déclaré je venge ma sœur au gré de son ressentiment. »

Il fit beaucoup de façons, et sur le style dont je l'exigeais, et sur ce que je voulais qu'elle fût toute de sa main, et sur ce que j'insistais à ce que les domestiques fussent présents pendant qu'il écrirait; mais, comme l'alternative était pressante et qu'il lui restait encore je ne sais quel espoir de ramener une femme qui l'avait aimé, sa fierté se soumit à écrire la déclaration suivante, que je lui dictai en me promenant dans l'espèce de galerie où nous étions :

DÉCLARATION DONT J'AI L'ORIGINAL.

Je, soussigné, Joseph Clavijo, garde d'une des archives de la couronne, reconnais qu'après avoir été reçu avec bonté dans la maison de madame

Guilbert, j'ai trompé mademoiselle Caron, sa sœur, par la promesse d'honneur, mille fois réitérée, de l'épouser, à laquelle j'ai manqué sans qu'aucune faute ou faiblesse de sa part ait pu servir de prétexte ou d'excuse à mon manque de foi; qu'au contraire, la sagesse de cette demoiselle, pour qui j'ai le plus profond respect, a toujours été pure et sans tache. Je reconnais que, par ma conduite, la légèreté de mes discours et par l'interprétation qu'on a pu y donner, j'ai ouvertement outragé cette vertueuse demoiselle, à laquelle je demande pardon par cet écrit, fait librement et de ma pleine liberté, quoique je me reconnaisse tout à fait indigne de l'obtenir; lui promettant toute autre espèce de réparation qu'elle pourra désirer, si celle-ci ne lui convient pas. Fait à Madrid, et écrit tout de ma main, en présence de son frère, le 19 mai 1764.

Signé : JOSEPH CLAVIJO.

Je prends le papier, et lui dis en le quittant : « Je ne suis point un lâche ennemi, Monsieur; c'est sans ménagement que je vais venger ma sœur, je vous en ai prévenu. Tenez-vous bien pour averti de l'usage cruel que je vais faire de l'arme que vous m'avez fournie. — Monsieur, je crois parler au plus offensé, mais au plus généreux des hommes : avant de me diffamer, accordez-moi le moment de tenter un effort pour ramener encore une fois dona Maria ; c'est dans cet unique espoir que j'ai écrit la réparation que vous emportez ; mais, avant de me présenter, j'ai résolu de charger quelqu'un de plaider ma cause auprès d'elle, et ce quelqu'un, c'est vous. — Je n'en ferai rien. — Au moins vous lui direz le repentir amer que vous avez aperçu en moi. Je borne à cela toutes mes sollicitations. A votre refus, je chargerai quelque autre de me mettre à ses pieds. » Je le lui promis.

Le retour de mon ami chez ma sœur avait porté l'alarme dans tous les esprits. En arrivant, je trouvai les femmes éplorées et les hommes très inquiets ; mais, au compte que je rendis de ma séance, à la vue de la déclaration, les cris de joie, les embrassements, succédèrent aux larmes ; chacun ouvrait un avis différent : les uns opinaient à perdre Clavijo, les autres penchaient à lui pardonner ; d'autres s'en rapportaient à ma prudence, et tout le monde parlait à la fois. Mais ma sœur de s'écrier : *Non, jamais, jamais je n'en entendrai parler ! Courez, mon frère, à Aranjuez ; allez voir M. l'ambassadeur, et, dans tout ceci, gouvernez-vous par ses conseils.*

Avant de partir pour la cour, j'écrivis à Clavijo que ma sœur n'avait pas voulu entendre un seul mot en sa faveur, et que je m'en tenais au projet de la venger et de le perdre. Il me fit prier de le voir avant mon départ, et je me rendis librement chez lui. Après mille imprécations contre lui-même, toutes ses prières se bornèrent à obtenir de moi qu'il allât pendant mon absence, avec un ami commun, parler à ma sœur aînée, et que je ne rendisse son déshonneur public qu'à mon retour, s'il n'avait pas obtenu son pardon. Je partis pour Aranjuez.

M. le marquis d'Ossun, notre ambassadeur, aussi respectable qu'obligeant, après m'avoir marqué tout l'intérêt qu'il prenait à moi, en faveur des augustes recommandations qui lui étaient parvenues de France, me dit : « La première preuve de mon amitié, Monsieur, est de vous prévenir que votre voyage en Espagne est de la dernière inutilité quant à l'objet de venger votre sœur : l'homme qui l'a insultée deux fois par sa retraite inopinée n'eût jamais osé se rendre aussi coupable s'il ne se fût pas cru puissamment soutenu. Quel est votre dessein? Espérez-vous lui faire épouser votre sœur? — Non, Monsieur, je ne le veux pas; mais je prétends le déshonorer. — Et comment? » Je lui fis le récit de mon entrevue avec Clavijo, qu'il ne crut qu'en lisant son écrit que je lui présentai.

« Eh bien! Monsieur, me dit cet homme respectable, un peu étonné de mon action, je change d'avis à l'instant. Celui qui a tellement avancé les affaires en deux heures est fait pour les terminer heureusement. L'ambition avait éloigné Clavijo de mademoiselle votre sœur; l'ambition, la terreur ou l'amour le lui ramènent. Mais, à quelque titre qu'il revienne, le moins d'éclat qu'on puisse faire en pareille occasion est toujours le mieux. Je ne vous cache pas que cet homme est fait pour aller loin; et, sous ce point de vue, c'est peut-être un parti très avantageux. A votre place, je vaincrais ma sœur sur ses répugnances, et, profitant du repentir de Clavijo, je les marierais promptement. — Comment, Monsieur, un lâche? — Il n'est un lâche que s'il ne revient pas de bonne foi ; mais, ce point accordé, ce n'est qu'un amant repentant. Au reste, voilà mon avis, je vous invite à le suivre, et même je vous en saurai gré, par des considérations que je ne puis vous expliquer. »

Je revins à Madrid un peu troublé des conseils de M. le marquis d'Ossun. A mon arrivée, j'appris que Clavijo était venu, accompagné de quelques amis communs, se jeter aux pieds de mes sœurs ; que la plus jeune, à son arrivée, s'était enfuie dans sa chambre et n'avait plus voulu reparaître ; et l'on me dit qu'il avait conçu beaucoup d'espérance de cette colère fugitive. J'en conclus à mon tour qu'il connaissait bien les femmes, douces et sensibles créatures, qu'un peu d'audace, mêlée de repentir, trouble à coup sûr étrangement, mais dont le cœur ému n'en reste pas moins disposé en faveur de l'humble audacieux qui gémit à leurs pieds.

Depuis mon retour d'Aranjuez, ce Clavijo désira me voir tous les jours, me rechercha, m'enchanta par son esprit, ses connaissances, et surtout par la noble confiance qu'il paraissait avoir en ma médiation. Je le servais de bonne foi ; nos amis se joignent à moi ; mais le profond respect que ma pauvre sœur paraissait avoir pour mes décisions me rendait très circonspect à son égard : c'était son bonheur et non sa fortune que je désirais ; c'était son cœur et non sa main que je voulais forcer.

Le 25 mai, Clavijo se retira brusquement du logis de M. Portuguès, et fut se réfugier au quartier des Invalides, chez un officier de sa connaissance. Cette retraite précipitée ne m'inspira d'abord aucun ombrage, quoiqu'elle me parût singulière. Je courus au quartier ; il allégua pour motif de cette retraite que, M. Portuguès étant un des plus opposés à son mariage, il comptait me donner la plus haute preuve de la sincérité de son retour en quittant la maison d'un si puissant ennemi de ma sœur. Cela me parut si probable et si délicat que je lui sus un gré infini de sa retraite aux Invalides. Le 26 mai, j'en reçus la lettre suivante :

COPIE DE LA LETTRE DE CLAVIJO DONT J'AI L'ORIGINAL.

Je me suis expliqué, Monsieur, d'une manière très précise, sur la ferme intention où je suis de réparer les chagrins que j'ai causés involontairement à mademoiselle Caron; je lui offre de nouveau de l'épouser, si les malentendus passés ne lui ont pas donné trop d'éloignement pour moi. Mes propositions sont très sincères. Toute ma conduite et mes démarches tendent uniquement à regagner son cœur, et mon bonheur dépendra du succès de mes soins : je prends donc la liberté de vous sommer de la parole que vous m'avez donnée de vous rendre le médiateur de cette heureuse réconciliation. Je sais qu'un galant homme s'honore en s'humiliant devant une femme qu'il a offensée, et que tel qui croit s'avilir en demandant excuse à un homme a bonne grâce de reconnaître ses torts aux yeux d'une personne de l'autre sexe. C'est donc en connaissance de cause que j'agis dans toute cette affaire. L'assurance libre et franche que je vous ai donnée, Monsieur, et la démarche que j'ai faite pendant votre voyage d'Aranjuez auprès de mademoiselle votre sœur, peuvent me faire un certain tort dans l'esprit des personnes qui ignorent la pureté de mes intentions; mais j'espère que, par un exposé fidèle de la vérité, vous me ferez la grâce d'instruire convenablement tous ceux que l'ignorance ou la malignité ont fait tomber dans l'erreur à mon égard. S'il m'était possible de quitter Madrid sans un ordre exprès de mon chef, je partirais sur-le-champ pour aller à Aranjuez lui demander son approbation; mais j'attends encore de votre amitié que vous prendrez le soin vous-même de lui faire part des vues légitimes et honnêtes que j'ai sur mademoiselle votre sœur, et dont cette lettre vous réitère l'assurance; la promptitude de cette démarche est, selon mon cœur, la plus grande marque que vous puissiez me donner du retour que je vous demande pour l'estime parfaite et le véritable attachement avec lequel j'ai l'honneur d'être, Monsieur, votre, etc.

Signé : CLAVIJO.

26 mai 1764.

A la lecture de cette lettre, que je faisais devant mes sœurs, la plus jeune fondit en larmes. Je l'embrassai de toute mon âme : « Eh bien! mon enfant! tu l'aimes encore, tu es bien honteuse, n'est-ce pas? je le vois. Mais, va! tu n'en es pas moins une honnête, une excellente fille, et, puisque ton ressentiment tire à sa fin, laisse-le s'éteindre dans les larmes du pardon : elles sont bien douces après celles de la colère. C'est un monstre, ajoutai-je en riant, que ce Clavijo, comme la plupart des hommes; mais, mon enfant, tel qu'il est, je me joins à M. le marquis d'Ossun pour te conseiller de lui pardonner. J'aimerais mieux pour lui qu'il se fût battu, j'aime mieux pour toi qu'il ne l'ait pas fait. »

Mon bavardage la fit sourire au milieu de ses larmes, et je pris ce charmant conflit pour un consentement tacite aux vues de M. l'ambassadeur. Je courus chercher mon homme, à qui je dis bien qu'il était cent fois plus heureux qu'il ne le méritait : il en convint avec une bonne foi qui finit par nous charmer tous; il arriva tremblant chez ma sœur. On enveloppa la pauvre troublée, qui, rougissant, moitié honte et moitié plaisir, laissa échapper enfin, avec un soupir, son consentement à tout ce que nous allions faire pour l'enchaîner de nouveau.

Dans son enchantement, Clavijo prit la clef de mon secrétaire et fut écrire le papier suivant, qu'il signa et qu'il apporta, le genou en terre, à signer à sa maîtresse, devant MM. Laugier, secrétaire d'ambassade de Pologne; Gazan, consul d'Espagne à Bayonne; Devignes, chanoine de Perpignan; Durocher, premier chirurgien de la reine mère; Durand et Périer, négociants français; Don Firmin de Salsedo, contador de la trésorerie du roi; de Bievardi, gentilhomme italien; Boca, officier des gardes flamandes, et autres. Chacun joignit ses instances aux miennes, et l'on arracha par-dessus le consentement verbal la signature de ma pauvre sœur, qui, ne sachant plus où mettre sa tête, de confusion, vint se jeter dans mes bras en pleurant, et m'assurant tout bas qu'en vérité j'étais un homme dur et sans pitié pour elle.

COPIE EXACTE DE L'ÉCRIT DE LA MAIN DE CLAVIJO, SIGNÉ DE LUI ET DE MA SŒUR, DONT J'AI L'ORIGINAL.

Nous, soussignés, Joseph Clavijo et Marie-Louise Caron, avons renouvelé par ce présent écrit les promesses mille et mille fois réitérées que nous nous sommes faites de n'être jamais l'un qu'à l'autre; et nous nous engageons de sanctifier ces promesses par le sacrement de mariage le plus tôt qu'il sera possible : en foi de quoi nous avons signé cet écrit entre nous.

Signé : MARIE-LOUISE CARON et JOSEPH CLAVIJO.

A Madrid, ce 26 mai 1764.

Tout le monde passa la soirée avec nous dans la joie d'un si heureux changement, et je partis pour Aranjuez à onze heures du soir : car, dans un pays aussi chaud, la nuit est le temps le plus agréable pour voyager.

Je supplie le lecteur de suspendre encore son jugement sur la futilité de ces détails ; il verra bientôt s'ils étaient importants.

En arrivant à Aranjuez, je rendis un compte exact à M. l'ambassadeur, qui eut la bonté de donner plus d'éloges à toutes les parties de ma conduite qu'elles n'en méritaient, mais qui me conseilla de ne rien dire à M. de Grimaldi de ce qui s'était passé, de peur de nuire à mon futur beau-frère.

Je me rendis chez ce ministre : il me reçut avec bonté, lut la lettre de Clavijo, donna son consentement au mariage et souhaita toute sorte de bonheur à ma sœur, en remarquant seulement que don Joseph Clavijo eût pu m'épargner le voyage, la forme usitée en pareil cas étant d'écrire au ministre. Je rejetai tout sur l'empressement que j'avais montré moi-même de venir lui faire ma cour avant le temps où je le prierais de m'honorer de quelques audiences pour l'entretenir d'objets très importants.

A mon retour à Madrid, je trouvai chez moi la lettre suivante du seigneur Clavijo :

COPIE DE LA LETTRE DONT J'AI L'ORIGINAL.

Voici, Monsieur, l'indigne billet qui s'est répandu dans le public, tant à la cour qu'à la ville : mon honneur y est outragé de la manière la plus sanglante, et je n'ose pas voir même la lumière tandis qu'on aura de si basses idées de mon caractère et de mon honneur. Je vous prie, Monsieur, très instamment, de faire voir le billet que j'ai signé et d'en donner des copies. En attendant que le monde se désabuse, pendant quelques jours il n'est pas convenable de nous voir : *au contraire, cela pourrait produire un mauvais effet ;*

et l'on croirait que ce malheureux papier est le véritable, et que celui qui paraîtrait à sa place n'était qu'une composition faite après coup. Imaginez, Monsieur, dans quelle désolation doit me mettre un pareil outrage, et croyez-moi, Monsieur, votre, etc.

Signé : CLAVIJO.

Il avait joint à sa lettre une déclaration fausse, gigantesque, abominable, et qui était tout entière de son écriture.

Je pris un peu d'humeur de la conclusion que tirait Clavijo de cet indigne papier; je courus lui en faire les plus tendres reproches; je le trouvai couché. Partie de ses effets étant restée chez M. Portuguès, je lui envoyai sur-le-champ du linge de toute espèce à changer, et, pour le consoler du chagrin où cet écrit fabriqué paraissait le plonger, je lui promis qu'à son rétablissement je le mènerais partout avec moi comme mon frère et comme un homme honorable, en l'assurant que je voyais dans les dispositions de tout le monde qu'on se plairait à m'en croire à ma parole.

Nous convînmes de tous les préparatifs de

mariage de ma sœur; et le lendemain plusieurs de ses amis me menèrent, à son invitation, chez le grand vicaire, chez le notaire apostolique, etc. Cela fait, je revins chez lui très content : « Mon ami, lui dis-je en l'embrassant, l'état où nous sommes à l'égard l'un de l'autre me permet de prendre quelques libertés avec vous; si vous n'êtes pas en argent comptant, vous ferez fort bien d'accepter ma bourse dans laquelle j'ai mis cent quadruples cordonnés et autres pièces d'or, le tout valant environ neuf mille livres argent de France, sur quoi vous enverrez vingt-cinq quadruples à ma sœur pour avoir des rubans; et voici des bijoux et des dentelles de France : si vous voulez lui en faire présent, elle les recevra de votre main plus agréablement encore que de la mienne. »

Mon ami accepta les bijoux et dentelles, ayant de la peine à croire, dit-il, qu'on en trouvât d'aussi bon goût à Madrid; mais, quelques instances que je lui fisse, il refusa l'argent, que je remportai.

Le lendemain, jour de l'Ascension, un valet métis ou quart d'Espagnol indien, que j'avais pris à Bayonne, et qui la veille avait été me chercher de l'or cordonné chez mon banquier, me vola mes cent quadruples, ma bourse, toutes les pièces d'argenterie de mon nécessaire qui n'étaient pas apparentes, un carton de dentelles à mon usage, tous mes bas de soie et quelques vestes d'étoffe d'or, le tout valant à peu près quinze mille francs, et prit la fuite.

Je fus sur-le-champ chez le commandant de Madrid faire ma plainte et je demeurai un peu surpris de l'air glacé dont elle fut accueillie. On sera moins étonné dans un moment que je ne le fus alors moi-même; l'énigme va bientôt se dérouler.

Cet accident ne m'empêcha pas de donner tous mes soins à mon ami malade; je lui reprochai doucement ma perte, en lui disant que, s'il eût accepté mes offres la veille au soir, il m'eût fait grand plaisir et m'eût empêché d'être volé. Mon ami m'assura que ce petit malheur était irréparable, parce que ce valet, qui avait sûrement pris la route de Cadix, serait parti avec la flotte avant qu'on l'eût attrapé. J'en écrivis à M. l'ambassadeur et ne m'en occupai plus.

Les jours suivants se passèrent en soins assidus de ma part et en témoignages de la plus tendre reconnaissance de celle de Clavijo. Mais le 5 juin, étant venu pour le voir à l'ordinaire au quartier des Invalides, j'appris avec surprise que mon ami avait encore brusquement délogé.

Changer de gîte une seconde fois sans m'en donner avis me parut, je l'avoue, très extraordinaire. Je le fis chercher dans tous les hôtels garnis de Madrid, et, l'ayant enfin trouvé rue Saint-Louis, je lui témoignai mon étonnement avec un peu moins de douceur que la première fois; mais il m'avoua qu'ayant été instruit qu'on avait reproché à son ami de partager avec un étranger un logement de quartier que le roi ne lui donnait que pour lui seul, sans consulter l'embarras, ni sa santé, ni l'heure indue, il avait cru devoir quitter à l'instant l'appartement de son ami. Il fallut bien approuver sa délicatesse; mais je le grondai obligeamment de n'être pas venu prendre un logement dans la maison de ma sœur; je voulais même l'y conduire à l'instant. Il me serra les mains avec reconnaissance et m'objecta que, venant de prendre médecine, il ne s'exposerait pas à sortir de chez lui, cet usage étant celui de tous les Espagnols.

Le lendemain il refusa, sous le même prétexte, mes offres réitérées de venir chez ma sœur. Alors nos amis commencèrent à secouer la tête, à concevoir des soupçons; mais ils me paraissaient encore plus absurdes que malhonnêtes. A quoi bon des feintes avec moi? Le contrat était fait; il ne put être signé de plusieurs jours à cause de ces impatientantes *purgeries :* en Espagne, me disait-on, tout acte est nul lorsqu'il se trouve daté du jour qu'un des contractants a pris médecine : chaque pays, chaque usage.

Ma sœur tremblait de nouveau : c'était par de semblables délais que cet homme les avait déjà deux fois conduites à des dénouements affreux. Je lui imposais silence avec amertume; cependant le soupçon se glissait dans mon cœur. Pour m'en délivrer tout à fait, le 7 juin, jour pris enfin pour signer le contrat, j'envoyai chercher d'autorité le notaire apostolique.

Mais quelle fut ma surprise lorsque cet homme me dit qu'il allait faire signer au seigneur Clavijo une déclaration bien contraire à mes vues; qu'il avait reçu la veille une opposition au mariage de ma sœur par une jeune personne qui prétendait avoir une promesse de

Clavijo, datée de 1755, de neuf années avant l'époque où nous étions, 1764.

Je m'informe vite du nom de l'opposante. Le notaire m'apprend que c'était *una duena* (fille de chambre). Humilié, furieux, je cours chez l'indigne Clavijo.

« Cette promesse de mariage vient de vous, lui dis-je : elle a été fabriquée hier. Vous êtes un homme abominable, auquel je ne voudrais pas donner ma sœur pour les trésors de l'Inde. Mais ce soir je pars pour Aranjuez : je rends compte à M. de Grimaldi de votre infamie; et, loin de m'opposer pour ma sœur à la prétention de votre *duena*, je demande pour unique vengeance qu'on vous la fasse épouser sur-le-champ. Je lui servirai de père, je lui payerai sa dot, et lui prodiguerai tous mes secours pour qu'elle vous poursuive jusqu'à l'autel. Alors, pris dans votre propre piège, vous serez déshonoré, et je serai vengé.

— Mon cher frère, mon ami, me dit-il, suspendez vos ressentiments et votre voyage jusqu'à demain; je n'ai nulle part à cette noirceur. A la vérité, dans un délire amoureux, je fis cette promesse autrefois à la *duena* de madame Portuguès, qui était jolie, mais qui depuis notre rupture ne m'en a jamais reparlé. Ce sont les ennemis de dona Maria, votre sœur, qui font agir cette fille; mais croyez, mon ami, que le désistement de la malheureuse est l'affaire de quelques pistoles d'or. Je vous conduirai ce soir chez un célèbre avocat, que j'engagerai même à vous accompagner à Aranjuez, et nous aviserons ensemble, avant que vous partiez, aux moyens de parer à ce nouvel obstacle, beaucoup moins important que votre vivacité ne vous le fait craindre. Mettez-moi aux pieds de dona Maria, votre sœur, que je fais vœu d'aimer toute ma vie, ainsi que vous, et ne manquez pas de vous rendre ici ce soir à huit heures précises. »

L'amertume était dans mon cœur et l'indécision dans ma tête. Je n'écoutais pourtant pas encore les pronostics affreux que l'on répandait : il était possible que j'eusse été joué par un fripon; mais quel était son but? Ne pouvant le deviner, n'en voyant même aucun qui fût raisonnable, je suspendais mon jugement, quoique l'effroi eût déjà gagné tout ce qui m'environnait. Je me rends à huit heures chez cet étrange mortel, accompagné des sieurs Perrier et Durand.

A peine étions-nous descendus de voiture que la maîtresse de la maison vint au-devant de nous et me dit : « Le seigneur Clavijo est délogé depuis une heure, on ignore où il est allé. »

Frappé de cette nouvelle et voulant en douter encore, je monte à la chambre qu'il avait occupée; je ne trouve plus aucun de ses effets : mon cœur se serra de nouveau. De retour chez moi, j'envoyai six personnes courir toute la ville pour me découvrir le traître, à quelque prix que ce fût; mais, convaincu de sa trahison, je m'écriais encore : « A quoi bon ces noirceurs? » Je n'y concevois rien, lorsqu'un courrier de M. l'ambassadeur, arrivant d'Aranjuez, me remit une lettre de Son Excellence, en me disant qu'elle était très pressée. Je l'ai conservée et vais la transcrire ici.

LETTRE DE L'AMBASSADEUR DE FRANCE, DONT J'AI L'ORIGINAL.

A Aranjuez, le 7 juin 1764.

Monsieur de Robiou, Monsieur, commandant de Madrid, vient de passer chez moi pour m'apprendre que le sieur Clavijo s'était retiré dans un quartier des Invalides, et avait déclaré qu'il y prenait asile contre les violences qu'il craignait de votre part, attendu que vous l'aviez forcé dans sa propre maison, il y a quelques jours, le pistolet sur la gorge, à signer un billet par lequel il s'était engagé à épouser mademoiselle votre sœur. *Il serait inutile que je vous communiquasse ici ce que je pense sur un aussi mauvais procédé. Mais vous concevez aisément* que, quelque honnête et droite qu'ait été votre conduite dans cette affaire, *on pourrait y donner une tournure dont les conséquences seraient aussi désagréables que fâcheuses pour vous. Ainsi je vous conseille de demeurer entièrement tranquille en paroles, en écrits et en actions, jusqu'à ce que je vous aie vu, ou ici, si vous y venez promptement, ou à Madrid, où je retournerai le 12.*

J'ai l'honneur d'être, avec une parfaite considération, Monsieur, votre, etc.

Signé : Ossun.

Cette nouvelle fut un coup de foudre pour moi. Quoi ! cet homme qui depuis quinze jours me pressait dans ses bras ! ce monstre qui m'avait écrit dix lettres pleines de tendresse, m'avait sollicité publiquement de lui donner ma sœur, était venu dix fois manger chez elle à la face de tout Madrid! il avait fait une plainte au criminel contre moi pour cause de violence et me poursuivait sourdement! Je ne me connaissais plus.

Un officier des gardes wallonnes entre à l'instant et me dit : « Monsieur de Beaumarchais, vous n'avez pas un moment à perdre : sauvez-vous, ou demain matin vous serez arrêté dans votre lit; l'ordre est donné, je viens vous en prévenir; votre homme est un monstre, il a soulevé contre vous tous les esprits, et vous a conduit de promesse en promesse pour se rendre votre accusateur public. Fuyez, fuyez à l'instant, ou, renfermé dans un cachot, vous n'avez plus ni protection ni défense.

— « Moi, fuir! me sauver! plutôt périr! Ne me parlez plus, mes amis, ayez-moi seulement une voiture de route à six mules, pour demain quatre heures du matin, et laissez-moi me recueillir jusqu'à mon départ pour Aranjuez. »

Je me renfermai : j'avais l'esprit troublé, le cœur dans un étau; rien ne pouvait calmer cette agitation. Je me jetai dans un fauteuil, où je restai près de deux heures dans un vide absolu d'idées et de résolutions.

Ce repos fatigant m'ayant enfin rendu à moi-même, je me rappelai que cet homme, depuis la date de sa plainte pour fait de violence, s'était promené publiquement avec moi dans mon carrosse, m'avait écrit dix lettres tendres, m'avait chargé spécialement de sa demande auprès du ministre devant vingt personnes. Je me jette à mon bureau ; j'y broche, avec toute la rapidité d'un homme en pleine fièvre, le journal exact de ma conduite depuis mon arrivée à Madrid : noms, dates, discours, tout se peint à ma mémoire, tout est fixé sous ma plume. J'écrivais encore à cinq heures du matin, lorsqu'on m'avertit que ma voiture m'attend et que l'inquiétude de mes amis ne leur permet pas de me laisser plus longtemps à moi-même. Je monte en carrosse sans m'informer si quelqu'un me suit, sans savoir si j'étais présentable : une espèce d'ivresse me rendait sourd à tout ce qui n'était pas mon objet ; mais on avait pourvu, sans me le dire, au nécessaire de mon voyage. Quelques amis m'offrent de m'accompagner. « Je veux être seul, leur dis-je ; je n'ai pas trop de douze heures de solitude pour calmer mes sens. » Et je partis pour Aranjuez.

M. l'ambassadeur était au palais quand j'arrivai au *Sitio real;* je ne le vis qu'à onze heures du soir, à son retour. « Vous avez bien fait de venir sur-le-champ, me dit-il : je n'étais rien moins que tranquille sur vous ; depuis quinze jours votre homme a gagné toutes les avenues du palais. Sans moi vous étiez perdu, arrêté, et peut-être conduit au *Présidio* [1]. J'ai couru chez M. de Grimaldi. « Je réponds, lui ai-je dit, de « la sagesse et de la bonne conduite de M. de « Beaumarchais en toute affaire, comme de la « mienne propre. C'est un homme d'honneur, « qui n'a fait que ce que vous et moi eussions « fait à sa place ; je l'ai suivi depuis son arrivée. « Faites retirer l'ordre de l'arrêter, je vous prie : « ceci est le comble de l'atrocité de la part « de son adversaire. — *Je vous crois,* m'a « répondu M. de Grimaldi ; *mais je ne suis le « maître que de suspendre un moment; tout le « monde est armé contre lui : qu'il parte à l'in- « stant pour la France; on fermera les yeux sur « sa fuite.* »

---

1. Prison perpétuelle à Oran ou Ceuta, sur les côtes d'Afrique.

« Ainsi, Monsieur, partez; il n'y a pas un moment à perdre; on vous enverra vos effets en France; vous avez six mules à vos ordres. A tout prix, dès demain matin reprenez la route de France; je ne pourrais vous servir contre des ordres si précis, et je serais désolé qu'il vous arrivât malheur en ce pays. Partez. »

En l'écoutant je ne pleurais pas; mais par intervalles il me tombait des yeux de grosses gouttes d'eau que le resserrement universel y amassait. J'étais stupide et muet. M. l'ambassadeur, attendri, plein de bonté, prévenant toutes mes objections par l'aveu libre et franc que j'avais raison, ne m'en disait pas moins qu'il fallait céder à la nécessité et fuir un malheur certain.

« Et de quoi me punirait-on, Monsieur, puisque vous-même convenez que j'ai raison sur tous les points? Le roi fera-t-il arrêter un homme innocent et grièvement outragé? Comment imaginer que celui qui peut tout préférera le mal quand il connaît le bien? — Eh! Monsieur, l'ordre du roi s'obtient, s'exécute, et le mal est fait avant qu'on soit détrompé. Les rois sont justes; mais on intrigue autour d'eux sans qu'ils le sachent, et de vils intérêts, des ressentiments qu'on n'ose avouer, n'en sont pas moins souvent la source de tout le mal qui se fait. Partez, Monsieur. Une fois arrêté, personne ici ne prenant intérêt à vous, on finirait par conclure que, puisqu'on vous punit, il se peut que vous ayez tort; et bientôt d'autres événements feraient oublier le vôtre : car la légèreté du public est partout un des plus fermes appuis de l'injustice. Partez, vous dis-je, partez. — Mais, Monsieur, dans l'état où je suis, où voulez-vous que j'aille? — Votre tête se trouble à l'excès, monsieur de Beaumarchais. Évitez un mal présent, et songez que vous ne rencontrerez peut-être pas deux fois en votre vie l'occasion de placer des réflexions si douloureuses pour l'humanité : vous ne serez peut-être jamais indignement outragé par un homme plus puissant que vous; vous ne courrez peut-être jamais une seconde fois le risque d'aller en prison pour avoir été, contre un fou, prudent, ferme et raisonnable; ou, si un pareil malheur vous arrivait en France, un homme au milieu de sa patrie a mille moyens de faire valoir son droit, qui lui manquent ailleurs. On traite moins bien un étranger sans appui qu'un citoyen domicilié, qu'un père de famille, comme vous l'êtes, au milieu de tous ses parents. — Eh ! Monsieur, que diront les miens ? Que penseront en France mes augustes protectrices, qui, m'ayant vu constamment persécuté autour d'elles, ont pu juger au moins que je ne méritais pas le mal qu'on disait de moi ? Elles croiront que mon honnêteté n'était qu'un masque, tombé à la première occasion que j'ai cru trouver de mal faire impunément. — Allez, Monsieur ; j'écrirai en France, et l'on m'en croira sur ma parole. — Et ma sœur, Monsieur ! ma malheureuse sœur ! ma sœur qui n'est pas plus coupable que moi ? — Songez à vous, l'on pourvoira au reste. — Ah ! dieux ! dieux ! Ce serait là le fruit de mon voyage en Espagne ! » Mais *partez, partez,* était le mot dont M. d'Ossun ne sortait plus. Si j'avais besoin d'argent, il m'en offrait avec toute la générosité de son caractère. « Monsieur, j'en ai : mille louis dans ma bourse et deux cent mille francs dans mon portefeuille me donneront le moyen de poursuivre un si sanglant outrage. — Non, Monsieur, je n'y consens pas : vous m'êtes recommandé ; partez, je vous en prie, je vous le conseille, et j'irai plus loin même, s'il le faut. — Je ne vous entends plus, Monsieur, pardon, je ne vous entends plus. » Et, dans le trouble où j'étais, je courus m'enfoncer dans les allées sombres du parc d'Aranjuez. J'y passai la nuit dans une agitation inexprimable.

Le lendemain matin, bien raffermi, bien obstiné, bien résolu de périr ou d'être vengé, je vais au lever de M. de Grimaldi, ministre d'État. J'attendais dans son salon, lorsque j'entendis prononcer plusieurs fois le nom de M. Whal. Cet homme respectable, qui n'avait quitté le ministère que pour mettre un intervalle de repos entre la vie et la mort, était logé dans la maison de M. de Grimaldi. Je l'apprends, et sur-le-champ je me fais annoncer chez lui, comme un étranger qui a les choses les plus importantes à lui communiquer. Il me fait entrer, et, la plus noble figure rassurant mon cœur agité : « Monsieur, lui dis-je, je n'ai point d'autre titre à vos bienfaits que celui d'être Français et outragé : vous êtes né vous-même en France, où vous eûtes du service ; depuis, vous avez passé dans ce pays par tous les grades de l'illustration militaire et politique ; mais tous ces titres me donnent moins la confiance de recourir à vous que la véritable grandeur avec laquelle vous avez remis volontairement au roi le dangereux ministère des Indes, dont vous êtes sorti les mains pures, lorsqu'un autre eût pu y entasser des milliards. Avec l'estime de la nation, vous êtes resté l'ami du roi : c'est le nom dont il vous honore sans cesse. Eh bien! Monsieur, il vous reste une belle action à faire; elle est digne de vous, et c'est un Français au désespoir qui compte sur le secours d'un homme aussi vertueux.

— Vous êtes Français, Monsieur, me dit-il, c'est un beau titre auprès de moi : j'ai toujours chéri la France, et voudrais pouvoir reconnaître en vous tous les bons traitements que j'y ai reçus. Mais vous tremblez, votre âme est hors d'elle, asseyez-vous et dites-moi vos peines; elles sont affreuses, sans doute, si elles égalent le trouble où je vous vois. » Il défend à l'instant sa porte; et moi, dans un état inexprimable de crainte et d'espérance, je lui demande la permission de lire le journal exact de ma conduite depuis le jour de mon arrivée à Madrid : « Vous y suivrez mieux, Monsieur, le fil des événements, que dans une narration désordonnée que j'entreprendrais vainement de vous faire. »

Je lus mon Mémoire. M. Whal me calmait

de temps en temps, en me recommandant de lire moins vite pour qu'il m'entendît mieux, et m'assurant qu'il prenait le plus vif intérêt à ma narration. A mesure que les événements passaient, je lui mettais à la main les écrits, les lettres, toutes les pièces justificatives. Mais, lorsque je vins à la plainte criminelle, à l'ordre de me mettre au cachot, suspendu seulement par M. de Grimaldi, à la prière de notre ambassadeur ; au conseil qu'il m'avait donné de partir, auquel je ne lui cachais pas que je résistais, déterminé à périr ou à obtenir justice du roi, il fait un cri, se lève, et, m'embrassant tendrement : « Sans doute, le roi vous fera justice, et vous avez raison d'y compter. M. l'ambassadeur, malgré sa bonté pour vous, est forcé de consulter ici la prudence de son état ; mais moi je vais servir votre vengeance de toute l'influence du mien. Non, Monsieur, il ne sera pas dit qu'un brave Français ait quitté sa patrie, ses protecteurs, ses affaires, ses plaisirs, qu'il ait fait quatre cents lieues pour secourir une sœur honnête et malheureuse, et qu'en fuyant de ce pays il remporte dans son cœur, de la généreuse nation espagnole, l'abominable idée que les étrangers n'obtiennent chez elle aucune justice. Je vous servirai de père en cette occasion comme vous en avez servi à votre sœur. C'est moi qui ai donné au roi ce Clavijo. Je suis coupable de tous ses crimes. Eh! dieux, que les gens en place sont malheureux de ne pouvoir scruter avec assez de soin tous les hommes qu'ils emploient, et de s'entourer, sans le savoir, de fripons dont les infamies leur sont trop souvent imputées! Ceci, Monsieur, est d'autant plus important pour moi que ce Clavijo, ayant commencé par faire une espèce de feuille ou gazette, et se trouvant, par ses fonctions, rapproché du ministère, eût pu parvenir un jour à des emplois plus considérables, et moi je n'aurais fait présent à mon roi que d'un scélérat. On excuse un ministre de s'être trompé sur le choix d'un indigne sujet; mais, sitôt qu'il le voit marqué du sceau de la réprobation publique, il se doit à lui-même de le chasser à l'instant. J'en vais donner l'exemple à tous les ministres qui me suivront. »

Il sonne. Il fait mettre des chevaux, il me conduit au palais. En attendant M. de Grimaldi, qu'il avait fait prévenir, ce généreux protecteur entre chez le roi, s'accuse du crime de mon lâche adversaire, a la générosité d'en demander pardon. Il avait sollicité son avancement avec ardeur, il met plus d'ardeur encore à solliciter sa chute. M. de Grimaldi arrive, les deux ministres me font entrer, je me prosterne : « Lisez votre Mémoire, me dit M. Whal avec chaleur, il n'y a pas d'âme honnête qui n'en doive être touchée comme je l'ai été moi-même. » J'avais le cœur élevé à sa plus haute région ; je le sentais battre avec force dans ma poitrine, et, me livrant à ce qu'on pourrait appeler l'éloquence du moment, je rendis avec force et rapidité tout ce qu'on vient de lire. Alors le roi, suffisamment instruit, ordonna que Clavijo perdît son emploi et fût à jamais chassé de ses bureaux.

Ames honnêtes et sensibles, croyez-vous qu'il y eût des expressions pour l'état où je me trouvais ? Je balbutiais les mots de respect, de reconnaissance, et cette âme entraînée naguère presque au degré de la férocité contre son ennemi, passant à l'extrémité opposée, alla jusqu'à bénir le malheureux dont la noirceur lui avait procuré le noble et précieux avantage qu'il venait d'obtenir aux pieds du trône.

Pour comble de bontés, le monarque envoya

chez M. l'ambassadeur de France, où je dînais, donner l'ordre au Français à qui il venait de rendre une justice si éclatante, de lui faire parvenir le journal exact de ce qui avait été lu et jugé au palais. M. l'ambassadeur, aussi touché que moi, me donna trois de ses secrétaires qui, de leur part, y mettant une bienveillance patriotique, copièrent en peu d'heures mon journal avec les pièces justificatives, et le tout fut porté par M. l'ambassadeur au roi, qui ne dédaigna pas de dire qu'il garderait cet ouvrage, et même de s'informer avec bonté si le Français était satisfait.

Telle est la justice que j'ai obtenue en Espagne dans une querelle où j'étais en quelque façon l'agresseur. Mon cœur se serre en pensant que depuis, en France, étant offensé... Telles sont les preuves authentiques et respectables sur lesquelles s'appuie le compte exact que l'animosité vient de me forcer de rendre de ma conduite en cette occasion, l'une des plus importantes de ma vie. J'ai osé nommer, sans leur aveu, le prince magnanime qui s'est plu à me faire justice, les généreux ministres qui y ont coopéré, le très respecté marquis d'Ossun, notre ambassadeur, mon inestimable protecteur M. Whal, et toutes les personnes qui ont contribué à ma justification.

Au milieu d'une nation étrangère, je n'ai rencontré que grandeur, générosité, noble intérêt, service ardent, justice éclatante, et je n'aurais pas attendu dix ans à publier la reconnaissance que je garderai toute ma vie à la généreuse nation espagnole si j'avais pu la faire éclater sans y mêler le récit d'un événement personnel qui ne pouvait intéresser que mes parents et moi.

Je revins à Madrid, où tous les Français s'empressèrent de renouveler à ma pauvre sœur les témoignages de leur ancienne amitié. A la nouvelle de la perte de son emploi, qui se répandit partout, mon lâche ennemi, certain d'être arrêté, se sauva chez les capucins, d'où il m'écrivit une longue lettre pour implorer ma commisération. Il avait raison d'y compter, je ne le haïssais plus; je n'ai même jamais haï personne. Mais, dans cette lettre, ce qui m'étonna davantage fut l'assurance avec laquelle il se tait sur sa plainte criminelle contre moi, se flattant apparemment que je l'ignorais encore. Il s'y défend seulement d'avoir provoqué l'opposition de la *duena*, à laquelle il attribue mon ressentiment. Voici sa lettre avec ma réponse en marge, telle que je la lui envoyai :

COPIE DE LA LETTRE DE CLAVIJO *.

Depuis mercredi que j'ai reçu, Monsieur, la nouvelle de la privation de mon emploi [1], *j'ai été dans des accès de fièvre les plus violents jusqu'à ce moment où, malgré ma faiblesse et mon abattement, je prends la plume pour vous remercier des bontés que vous avez eues pour moi. Non, je n'aurais jamais cru cela de vous. Vous aviez raison de ne pas répondre à mes lettres, on n'a rien à dire aux gens que l'on veut perdre sans ressource* [2]. *Eh bien! Monsieur, êtes-vous satisfait? ces dames le sont-elles? Jouissez, jouissez tous de votre vengeance. Mais sur qui tombe-t-elle cette vengeance? Sur un homme que vous aimiez, qui a suivi en tout aveuglément vos volontés, sur un*

---

* Nous donnons en notes les réponses écrites par Beaumarchais en marge de la lettre. (*Note de l'éditeur.*)

1. C'est un malheur que vous vous êtes attiré.

2. De quelles lettres parlez-vous?

homme enfin qui vous aime encore malgré tout ce qui s'est passé[1]. *Ah! Monsieur, j'en appelle à votre cœur: ou il m'a trompé, ou il est incapable d'un procédé pareil. Mais comment pouvez-vous avoir sévi contre moi sans constater mon crime? Et quel est ce crime*[2]? *Une fille, par elle-même ou à la persuasion de quelque furieux, et à mon insu, se présente contre moi; je n'ai pas la moindre part à cette affaire et l'on me croit l'auteur de cette nouvelle scène*[3] ! *On paraît en fureur contre moi, on m'accable d'injures malgré ma faiblesse et ma maladie; et, quand le chagrin de cet événement laisse à mon cerveau, déjà affaibli par plus de trente jours de fièvre et de diète, à peine la faculté de penser, on me tourmente, on ne croit pas à ma justification, on ne veut pas même m'écouter, ni convenir des moyens que je propose pour arranger cette cruelle affaire! Au contraire, on part pour Aranjuez, pour aller*

---

1. Vous m'aimez! monstre que vous êtes! Et vos lâches impostures? et votre plainte furtive et calomnieuse?

2. Une plainte d'assassinat.

3. Il s'agit bien de cette fille, quand il existe une plainte atroce depuis trois semaines!

déshonorer un homme que l'on dit aimer avec passion [1], *coupable ou non, n'importe. Eh! se donne-t-on la peine de l'examiner avec loisir?*

Cependant cet homme, accablé sous le poids de sa maladie et de ses violents chagrins, abandonné à lui-même, dans ce cruel état vous écrit à Aranjuez, et, pour vous prouver son innocence [2], *fait faire des démarches auprès de l'opposante pour la faire désister de sa prétention. Il n'y avait que ce moyen pour finir tout d'un coup; il vous répète à ce sujet ce qu'il vous avait dit ici lui-même; il vous prie surtout de suspendre les démarches que pouvait vous dicter le ressentiment qui vous conduisait* [3]. *Chaque pas que vous alliez faire était un poignard que vous lui enfonciez dans le cœur, et chaque blessure était incurable* [4].

Moi, victime des caprices du sort et comptant sur votre prudence et sur la bonté de votre cœur,

---

1. Oui, malheureux, je vous aimais, et c'est ma honte.
2. Et la plainte! la plainte!
3. Oui, le plus juste ressentiment.
4. Le poignard qui vous perce est le désespoir de ne m'avoir pas fait périr.

quoique sans réponse de votre part, je n'attribuai votre silence qu'au hasard, et je m'empressai par une seconde lettre de vous rendre compte des espérances dont on me flattait au sujet de l'opposante, lesquelles sont justes [1].

Malgré votre silence, j'allais, Monsieur, vous récrire, quand la nouvelle de la privation de mon emploi me replongea tout de suite dans les accès de fièvre dont je ne sors qu'à présent [2].

Ah! Monsieur, qu'avez-vous fait? N'aurez-vous pas à vous reprocher éternellement d'avoir sacrifié légèrement un homme qui vous appartenait, et dans le temps même qu'il allait devenir votre frère [3]*? Quelques égarements passés pouvaient-ils vous faire croire aussi légèrement et sur des apparences? Mais dans quelles circonstances encore se présentait-il, ce prétendu crime? Oui, Monsieur, je le répète et je le dirai à la face de l'univers : je n'ai aucune part à la démarche de l'opposante, et, depuis ma réconciliation avec vos*

---

1. Des lettres à Aranjuez? à moi? Imposteur maladroit!

2. Je le crois. Mais c'est de honte qu'il faut mourir.

3. Vous! mon frère! Je la tuerais plutôt.

dames, je n'ai point changé[1]*, et je défie qui que ce soit au monde de me prouver que depuis cette époque j'aie rien dit ni écrit de contraire à l'intention où j'étais et où je suis encore, malgré tout ce qui m'est arrivé, de terminer mon mariage avec mademoiselle votre sœur*[2].

La privation de mon emploi n'y fait rien. Le roi et le ministre, mieux informés, me rendront la justice qui m'est due[3]*. Personne au monde n'a rien à me reprocher. Si j'ai eu des torts vis-à-vis mademoiselle Caron, je les ai réparés par mon retour*[4]*; hors de là je n'ai à rougir d'aucune action de ma vie. Or j'espère de la clémence de mon souverain qu'il daignera me faire rendre mon emploi quand il saura mon innocence*[5]*. Puis-je espérer de vous, Monsieur, à qui elle constera parfaitement quand vous le voudrez, que vous ne*

---

1. Peut-on pousser la fourberie plus loin? Et mes violences! et ce pistolet que je vous ai présenté! et cette plainte que vous oubliez!

2. Que je vous ai forcé de contracter le pistolet à la main.

3. Ils vous l'ont rendue en vous chassant.

4. En la mettant à la mort une troisième fois.

5. Son innocence! L'innocence de Clavijo!

vous opposerez point à ma justification? Elle doit vous intéresser autant que moi-même [1].

Je vous remets ci-joint copie des deux lettres que je vous écrivis à Aranjüez. Je commence même à douter que vous les ayez reçues [2]. *Oui, je crois connaître votre cœur, il ne m'aurait pas sacrifié si cruellement s'il avait pu seulement se douter de mon innocence. Je sens encore de la satisfaction à vous justifier dans mon cœur* [3]; *et, dans la fatalité de mon sort, je ne murmure point contre la main qui la conduit. Non, je ne renoncerai jamais au bonheur d'appartenir à votre chère famille* [4]. *Hélas! depuis la dernière promesse mutuelle entre mademoiselle Caron et moi, j'ai bien souffert! Je compte assez sur la générosité de vos âmes pour croire que vous voudrez bien m'aider à me relever* [5].

---

1. Lâche adversaire! Et c'est à moi que vous vous adressez!
2. Je le crois bien! elles n'ont jamais été écrites.
3. J'étais perdu par vous, homme indigne! sans la grandeur, sans la justice du roi.
4. M'appartenir! Misérable!
5. Je suis vengé. Je ne vous hais plus; j'irai même implorer M. de Grimaldi pour vous obtenir du pain, si je puis, dans un coin du monde, mais jamais à Madrid.

Mes supérieurs et mes protecteurs, instruits de mon innocence, me tendront aussi une main secourable; je l'espère avec d'autant plus d'empressement que je n'ai point mérité leur colère[1].

J'ai l'honneur d'être aussi véritablement que jamais,

Monsieur,

Votre très humble et très obéissant serviteur.

Signé : CLAVIJO.

Madrid, 17 juin 1774.

P. S. On vient de me dire que mademoiselle Caron doit se marier[2], *je ne puis pas le croire. D'ailleurs, voudrait-on donner à Madrid une nouvelle scène à nos dépens, et m'obliger à m'opposer à ce mariage pour authentiquer la droiture de mes intentions? Non : cela ne peut pas être*[3].

A M. de Beaumarchais, etc., etc.

---

1. Aussi n'a-t-on mis que de la justice à votre punition. M. Whal seul a eu la générosité d'y mettre de la colère.

2. Que vous importe?

3. Qu'elle se marie ou non, vous n'avez plus rien à y voir. Votre femme à vous ce sera la duena. Je borne à cela ma vengeance.

Je fus, en effet, demander grâce à M. le marquis de Grimaldi pour ce misérable homme; mais ce ministre mit à ses refus une indignation si obligeante pour moi que je n'osai pas insister. J'écrivis le même jour à plusieurs protecteurs de Clavijo, pour les prier de joindre leurs instances aux miennes. « M. le marquis de Grimaldi n'a pas voulu m'entendre, leur disais-je; il est révolté de l'indignité du sujet. Mais un homme malheureux par sa faute l'est doublement; et, d'après cette terrible vérité, Clavijo doit être bien près du désespoir. Voir mon ennemi même dans cet affreux état trouble la pureté de ma joie, dans l'heureux dénoûment de mon aventure avec lui, etc. »

Rien ne put fléchir l'équitable et rigoureux ministre.

La suite de mon voyage d'Espagne est étrangère à ma justification. Quant à l'infamie qu'on m'impute, d'avoir frauduleusement gagné cent mille francs en une nuit chez l'ambassadeur de Russie, et pour laquelle le sieur Marin fait dire à son écrivain que j'ai été chassé de partout et forcé de fuir d'Espagne avec déshonneur, je me contenterai de répondre que ce même ambassadeur de Russie, milord Rochefort, alors ambassadeur d'Angleterre en Espagne, M. le comte de Creitz, actuellement ambassadeur de Suède en France, MM. les duc et comte de Crillon, et beaucoup d'autres personnes qualifiées, avec lesquelles je jouais tous les jours et qui m'honoraient d'une bienveillance particulière à Madrid, me l'ont conservée en France; j'ajouterai même que, dans le séjour que ces divers ambassadeurs ont fait depuis à Paris, ils m'ont tous fait l'honneur de manger chez moi et d'y agréer les témoignages de ma reconnaissance.

Enfin, après un an passé en Espagne à suivre les plus importantes affaires, lorsque les miennes me rappelèrent en France, et qu'après avoir pris congé verbalement de M. le marquis de Grimaldi, j'eus l'honneur de lui demander, par écrit, ses derniers ordres, voici la lettre qu'il m'écrivit du Pardo, où était la cour, la veille de mon départ :

COPIE DE LA LETTRE DE M. LE MARQUIS DE GRIMALDI, DONT J'AI L'ORIGINAL.

Au Pardo, le 14 mars 1765.

Monsieur,

Quelle que soit la réussite des propositions que vous m'avez faites pour l'établissement d'une compagnie de la Louisiane, elles font infiniment d'honneur à vos talents, et ne sauraient qu'affermir la bonne opinion que j'en ai conçue. J'ai été, Monsieur, fort aise de vous connaître, et je le suis de pouvoir rendre ce témoignage à votre capacité. Si vos projets eussent été compatibles avec la constitution de l'Amérique espagnole, je pense que leur succès vous en eût encore mieux convaincu; mais on a dû céder à des difficultés insurmontables qui s'opposaient à leur exécution.

Je serai charmé de pouvoir vous rendre service en toute occasion; en attendant, j'ai le plaisir de vous souhaiter un bon voyage, et de vous prier de me croire très parfaitement, Monsieur, votre très humble et très obéissant serviteur.

Signé : le marquis de GRIMALDI.

Et plus bas est écrit : *A M. de Beaumarchais.*

J'en ai trop dit pour moi, et je crois en avoir dit assez pour mes lecteurs. Encore un mot, et je me tais. On assure que MM. Goëzman, Marin, Bertrand, Baculard, *et autres personnes respectables*, ont chacun un beau Mémoire tout prêt contre moi, qu'ils réservent pour la veille du jugement de ce procès. S'ils en usent ainsi pour que je n'aie pas le temps d'y répliquer, cela n'est pas de bonne guerre, et j'agis plus franchement avec eux. Mais, sur quelque point de ma vie, sous quelque forme, en quelque temps que ces messieurs me fassent l'honneur de me dénigrer, ensemble ou séparément, j'ai celui de les prévenir que je réserve à chacun d'eux un grand cornet plein de bonne encre *indélébile*, et que la génération présente ne passera point avant qu'il soit épuisé à leur service. . . . .

FIN

Imprimé par D. JOUAUST

POUR LA COLLECTION

DES PETITS CHEFS-D'ŒUVRE

JANVIER 1880